玩着赚钱

多 多
吴小芳
著

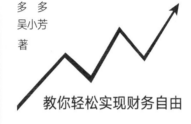

教你轻松实现财务自由

中华工商联合出版社

图书在版编目（CIP）数据

玩着赚钱 / 多多，吴小芳著. -- 北京：中华工商
联合出版社，2018.12
ISBN 978-7-5158-2429-1

Ⅰ．①玩… Ⅱ．①多… ②吴… Ⅲ．①投资－基本知
识 Ⅳ．①F830.59

中国版本图书馆CIP数据核字(2018)第240945号

玩着赚钱

作　者：	多多　吴小芳
特约策划：	王　景
策划编辑：	胡小英
责任编辑：	李　健
装帧设计：	润和佳艺
责任审读：	李　征
责任印制：	迈致红
出版发行：	中华工商联合出版社有限责任公司
印　刷：	大厂回族自治县彩虹印刷有限公司
版　次：	2018年12月第1版
印　次：	2018年12月第1次印刷
开　本：	880×1230mm　1/32
字　数：	150千字
印　张：	8
书　号：	ISBN 978-7-5158-2429-1
定　价：	45.00元

服务热线：010-58301130
销售热线：010-58302813
地址邮编：北京市西城区西环广场A座
　　　　　19－20层，100044
http://www.chgslcbs.cn
E-mail：cicap1202@sina.com（营销中心）
E-mail：gslzbs@sina.com（总编室）

工商联版图书
版权所有　侵权必究

凡本社图书出现印装质量问题，
请与印务部联系。

联系电话：0316-8863998

　　"80后"男孩周群超，从一个"草根"一步步刷新自己的成绩，成为在微博上拥有3000多万粉丝的"牛人"，成立牛微联盟并覆盖6亿粉丝的"盟主"，微信好友拥有65万人的"奇葩"，被誉为"中国移动互联网营销五虎上将"。

　　"90后"女孩吴小芳，从一个相夫教子的普通人一步步成为芳大集团董事长。她与山东东阿生力源阿胶生物工程有限公司合作，共同创立了"皇胶世家"的品牌产品，开启了微商营销事业，一步步成为身家千万的"中国微商杰出代表"，并带领团队荣膺"2015中国微商杰出团队"奖项。

　　……

　　越来越多的年轻人成为当今社会的创富榜样。不同于传统的财富精英，他们在商业模式上不拘一格，在创富领域百花齐放，少了以往获取财富的严肃刻板印象，多了快乐的经营智慧。

新时代年轻人思想开放、思维敏捷、思路开阔，从事着自己喜欢的行业，钟情于自己感兴趣的项目，不只获得财富，还从中收获快乐与成长感悟。认真研究他们的创富事迹、商业模式、经营智慧，有助于后来者把握当下与未来的财富趋势，从中获得有益的启示。

概括起来，这些年轻人在获取财富的道路上面临两个鲜明的趋势。

1. 伴随着互联网热潮颠覆传统商业模式

对年轻人来说，互联网不仅是一项技术、一种商业模式，更是一种生活方式。步入互联网时代，生活方式的改变引起了商业模式的变化。

在"互联网+"时代，创新仍然会是商业的主旋律，"互联网+"时代将迎来一个"人人极客"的世界。年轻一代如果懂得把握新时代的商业规律，启动让用户尖叫的体验营销策略，必然成为时代的佼佼者。今天，财富会被重新洗牌，成功会被重新定义，人和企业的竞争力也会被重置，因为我们进入了一个新的纪元。

2. 伴随着社会经济转型呈现新时代商业精神

从2017年开始，中国经济开始进入新时代，各个领域都发生了新变革、产生了新机遇，这对创富者提出了新的要求。把握好当下的财富趋势，成为每个人最现实的选择，只有顺应时代大趋势，才能有所作为。

站在新时代的路口，年轻人更应该主动发扬创新精神，发现新的财富机会。

总之，每个时代都有每个时代的财富机会，每个时代都有为了实现财务自由而拼搏进取的人。只要你对某个领域有深沉的热爱，有敢于迎接挑战的勇气，有敢于尝试、不断试错的精神，你就能把握住这个时代的商业机遇，成为人生赢家。

第一章

快乐经济：从"80后"到"00后"，都在把游戏变成生意

把热爱的东西变成生意，并乐在其中　// 002

业余时间玩微商，让你的钱包鼓起来　// 007

尝试着把问题转变成解决方法　// 012

"互联网+"，属于创新者的时代　// 017

第二章

建造管道：边玩边赚钱，摆脱时间换金钱的陷阱

疯狂的天才：把兴趣变成发财机会　// 022

发现自己的与众不同，并令其增值　// 026

互联网时代，要学会看门道　// 031

轻松玩出这么多活粉，你能比吗　// 035

为用户画像，打造消费者专属的产品　// 040

懒人经济学：帮助他人就是成就自己　// 045

创业，从组建志同道合的群落开始　// 050

第三章

连接思维：青春＋，二十几岁实现财务自由不是梦

打痛点，找亮点，我的青春越来越显眼　//　056

认准创业项目就要义无反顾地拼　//　060

微信朋友圈：真人社交的财富圈　//　063

借助数字化渠道管理获取竞争优势　//　067

成为某一领域的老大，少不了优秀的团队　//　071

第四章

创意定制：满足用户需求，完美构想才能顺利成真

网络这么发达，有创意的人都成功了　//　076

玩转知识经济，用点子点亮人生　//　080

将好想法付诸行动，一不小心就做大了　//　085

网络剧，让好剧本迎来了春天　//　090

交友平台，瞬间捧红N多领域草根明星　//　094

直播软件赚收益，怎么做别人才爱看　//　097

细分：用"小而美"的服务撬动大市场　//　102

夹缝中也能求生存　//　107

第五章

内容营销：生活是个大IP，它能给你想要的一切

Facebook：有趣比赚钱更重要　//　112

爱写作的人，在自媒体时代找到了人生 // 117

小众营销：把《小时代》变成大生意 // 122

直播销售：好产品就在你身边 // 127

设计话题：引领趋势，引爆流行 // 131

粉丝效应帮你牢牢吸引住目标用户 // 135

二次元：1000个人心中有1000个答案 // 139

第六章

共享世界：让更多人分享物质丰富与科技进步的红利

与志同道合的人分享你的故事 // 144

王者归来，我的玩友，满世界都是 // 148

很多人和你一样，在寻找学习资源 // 152

让分享和沟通成为一种潮流，一种经济模式 // 156

第七章

价值投资：每个关键词背后都隐藏着巨大的金矿

网红：迎接"红生万物"的时代 // 162

《三国杀》：中国桌游的里程碑 // 168

微电影：小投入，大收益 // 172

顺丰虚拟便利店：便利是"金" // 176

3D打印：让梦想触手可及 // 180

第八章

财商进阶：与金钱打交道的过程可以变得很有趣

传统文化热催生汉服生意 // 186

最潇洒的一刻——随处旅行，钱已到账 // 191

女人的钱好赚，男人的钱更好赚 // 196

从玩乐中生发创造，让人生与众不同 // 201

"非主流"文化引领时尚创业 // 206

亲情补偿师，以爱的名义陪着你 // 210

把"玩"当作事业，要懂得经营自己 // 215

第九章

时间复利：累积效应，工作前五年影响你一生的财富

点滴积累也能改变人生 // 220

好奇心开启商业探索之旅 // 224

频繁跳槽会让财富快速流失 // 228

适合女性的几种创业选择 // 232

坚持最初的梦想，伟大是"熬"出来的 // 236

后记 // 241

第一章

快乐经济: 从"80后"到"00后",
都在把游戏变成生意

伴随着互联网成长起来的"80后""90后""00后",是思想开放、想象力丰富、崇尚个性的一代。他们崇拜乔布斯、扎克伯格、马云,喜欢玩王者荣耀、骑共享单车,并善于发现创富的机会。在游戏中发现世界,从发现中捕获商机,是新时代年轻人的鲜明特点。

把热爱的东西变成生意，并乐在其中

美国亿万富翁洛克菲勒[1]说过："即使你们把我身上的衣服剥光，一个子儿也不剩，然后把我扔在撒哈拉沙漠的中心地带，但只要有两个条件——给我一点时间，并且让一支商队从我身边路过，那要不了多久，我就会成为一个新的亿万富翁。"

这句动人心魄的财智之语，在无数年轻人的心中播下了财富的种子，让他们对商业有一种强烈的欲望和天然的顶礼膜拜。今天，伴随着互联网成长起来的年轻人敢爱敢恨，张扬个性，不仅表现出丰富的想象力和创造力，还把这种热情投注在商业上，创造出了惊人的财富和奇迹。

出生在俄罗斯的基里尔·切卡诺夫是一个乐观的年轻人，

---

[1] 约翰·戴维森·洛克菲勒(John Davison Rockefeller)(1839 年 7 月 8 日—1937 年 5 月 23 日)，出生于美国纽约州里奇福德，美国慈善家、资本家，1870 年创立标准石油，是 19 世纪第一个亿万富翁。

他极具想象力，并且尊敬那些有成就的商人。借助商业的力量实现自己的梦想，一直是他跃跃欲试的事情。

读高中时，基里尔·切卡诺夫看到许多公司瞄准年轻人推广品牌，于是试图建立一个平台，把这些品牌与年轻人联系在一起。随后，他试着把这个项目的价值向那些品牌公司进行推广，但是发出去的邮件往往石沉大海，即使有机会参加一些会谈，当他走进房间时，人们也都用异样的眼光看着他。

一个高中生异想天开，在任何人看来都是那么不靠谱。结果，基里尔·切卡诺夫遭到了无情的拒绝。也就是从那一刻开始，他意识到梦想成真并不容易，他必须向别人证明，自己有能力待在这个房间里。

初生牛犊不怕虎，基里尔·切卡诺夫对未来充满了期待。随后，他主动参加了一些创业公司、创业者的聚会活动，发现大家都有同样的遭遇。很多人也在寻找投资人，希望能够获得发展所需的资金。基里尔·切卡诺夫意识到关系网络决定着一个人的成功与否。

在意识到这个问题后，他把创业项目进行了整体转型。随后，基里尔·切卡诺夫不再试图把年轻人和品牌联系在一起，而是将创业者和潜在的相关投资者联系起来，这才是商业价值的所在。他与团队成员将产品Hippflow做起来后，就立刻在俄罗斯找

了几家企业孵化机构做测试，收集尽可能多的反馈意见，并及时改进产品设计，让客户获得更好的使用体验。

做喜欢的事情，会让人有无穷的动力。虽然年纪轻轻，但是基里尔·切卡诺夫表现出了很强的专业性。面对初步成型的产品，他带领团队成员进一步提升了产品使用中的便捷性，让Hippflow日臻完善，让创业者和投资者建立了良好的合作关系。

创立几个月后，Hippflow的估值就已超过了100万美元。至此，基里尔·切卡诺夫终于带领Hippflow步入快速发展轨道。此外，他还将其打造成为一款谷歌眼镜应用，为全球创业社群提供商业开发战略指导服务。

今天，年轻人比以往任何时代都享有充分的自由、发达的科技、便利的融资渠道，这为他们把美好构想变成现实奠定了坚实的基础。把自己热爱的东西借助商业手段实现财富变现，绝对是一个梦想成真的过程。

当创意经济在世界各地兴起时，年轻人没有理由袖手旁观。拥抱创新经济的热潮，主动投身这股财富趋势，不但能够获得更多的财富，还可以获得更多的快乐。

1. 欲望是获取财富的基础

如果你问成功的原动力是什么，那么，我的回答是"第一是欲望，第二是欲望，第三还是欲望"。在这个世界上，很多人之所以不能成功，是因为他们没有真正地想过"要"。有些人虽然不断地想要，但并非一定想"得到"，始终没有行动，所以一遇到困难就开始退缩。

早在美国湖滨中学读书的时候，盖茨就曾经认真地对同学哈克斯说："我要在25岁的时候赚到我一生中的第一个一百万美元。"日后，哈克斯这样描述自己当时的心情："我听到这话，心里非常震惊，因为他说的是第一个一百万美元，这意味着他把一百万美元看成是一个很小的数目。那么，他一生准备赚多少钱呢？"

从小就有亿万富翁之梦，在别人看来似乎是一种空想，但是比尔·盖茨没有停留在虚无缥缈的想象中，他从少年时期就开始了自己的赚钱生涯，把热爱的东西变成生意，把强烈的欲望转化为真实的行动，获得了令人惊艳的成就。显然，一个人不敢大胆地去想，没有欲望，就无法找到行动的方向，也无法获得行动的动力。

2. 用使命感创造好产品

因为热爱，所以做得更好。有了这种使命感，一个人就具备了前进的动力和强大的竞争力。而后通过商业实现梦想，就能

高标准、严要求，以近乎苛刻的准则来要求自己，从而创造出好产品。

《基业长青》的作者詹姆斯·柯林斯在对数百家"长寿公司"的调查中发现，这些公司能够如此"长寿"的重要原因之一就在于其使命的基本部分从未发生过变化，这就为公司在变幻莫测的惊涛骇浪中找到了一根"定海神针"，使得它们能够从容不迫地应对竞争与变化。

在肩负使命、实现梦想的过程中，要给你的产品赋予一个最佳的概念，或者为消费者提供某种全新的观念。沃尔特·里斯先生曾说："在整个美国，概念或观念是一种新的货币。"许多公司及其产品的胜利，在于始终有一个概念或观念来推动业务的发展，在与竞争对手展开较量的时候就更容易取得成功。

业余时间玩微商，让你的钱包鼓起来

今天，只要你打开手机，就能在很多社交平台上看到微商的影子。上面销售的产品五花八门，从面膜、化妆品到玩具、特产，简直渗透到了生活中的每一个领域。许多年轻人在微商的道路上越走越远，享受着快乐经济的红利。

概括起来，微商的营销模式大致相同，在本质上是一种低成本、高性价比的营销手段。与传统营销方式相比，微商营销主要依靠移动互联网进行线上"虚拟"与线下"现实"的互动，买卖双方建立起一个涉及产品、渠道、市场和品牌传播的高效营销链条，从而兑现社交红利。

1990年出生于山东聊城的吴小芳，是一个典型的"90后"创业者。当年，她从山东水利学院毕业后，便结婚生子，过上了相夫教子的生活。然而，她不甘心曾经的梦想渐行渐远，于是下定决心为自己活一次，便毅然踏上了微商之路。

今天，人们对养生的需求越来越大，保健品市场前景广阔。吴小芳认准了市场趋势，于是有了销售阿胶的念头。随后，她与山东东阿生力源阿胶生物工程有限公司合作，共同创立了"皇胶世家"的品牌产品，开启了微商营销事业。

从熟悉微信的一些简单功能开始，到学习如何招揽客户，与客户沟通，再到如何推广自己的产品以及搭建专业的营销团队，吴小芳废寝忘食地学习、研究。2014年10月，她组建了皇胶世家【F·D】团队，本着量才而用的原则，招揽了越来越多的代理。不到一年的时间，吴小芳就发展了6万多个代理商，创造了千万销量的纪录。而她本人也从月收入几千元成为现在月收入几百万元的CEO，创造了微商界的传奇。

微商作为一种新型的商业模式，正在重塑商业生态，也改变了无数人的命运。一路走来，吴小芳接触到了很多人：阅历丰富的创业者、收入颇丰的高级白领、思想新潮的"90后"、时尚漂亮的全职妈妈等。这些人与吴小芳一样，都不安于现状，更不甘于平庸，渴望实现自我价值。

很多微商因质量问题被曝光而死掉，吴小芳认为注重质量、累积信誉尤其重要。与其他线上渠道不同，从事微商的人既是消费者，又是店主、老板。在与客户近距离沟通的过程中，真心、真诚才是获得客户认可的法宝，而朝着规模化、规范化方向发展是微商的大趋势。

在吴小芳的"生意经"里，诚信、品质、服务是最重要的。秉承这些理念，她带领团队奋发有为，已经成为身价千万的"中国微商杰出代表"，并荣膺"2015中国微商杰出团队"奖项。

2014年被称为"微商元年"，这一年微商上售卖的化妆品呈爆发式发展趋势。尽管微商在发展过程中的确存在一些不尽如人意的地方，包括大量压货、渠道过长、简单粗暴的刷屏等，但是在持续努力的过程中，更多微商在付出努力与汗水之后，凭借诚信和产品获得了认同，并在商业上获得了价值回报。

1. 抓住微商蓬勃发展的大趋势

在互联网和电子商务蓬勃发展的今天，人们的网购消费习惯逐渐成熟，这给微商的蓬勃发展提供了强大支持。显然，微商时代正在到来。数据显示，2014年中国移动购物用户规模突破3亿，增长速度超过35%，高于PC购物用户25%的增长速度，移动购物的交易规模接近10万亿元，增长率达到270%。

中国移动互联网蓬勃发展，伴随着社交媒体等渠道的崛起，微商这一商业新模式已经快速在国民的手机端传播开来。那些紧跟时代发展大势的年轻人，更能抓住新时代的财富机会，早日实现财务自由，并让梦想提早起飞。

2. 充分享受朋友圈红利

伴随着"90后"的成长，智能手机赋予他们无穷的想象力与便利性。在移动互联网的背景下，社群功能进一步强化，朋友圈红利带来无限可能。可以说，如果没有移动互联网、智能手机，微商无从谈起，只能说是一种商业趋势。但是，新技术让一切成为可能。

作为年轻的一代，"90后"的崛起，"00后"的蓄势待发，都让微商获得了无限发展的机会。借助先进的信息技术，微商从业者可以实现一对一零距离销售，这种最先进的营销方式不但增强了销售的体验性，也让朋友圈红利得以充分释放。

毫无疑问，微信朋友圈的广告传播是促成这一商业成功的最大推手。"朋友圈经济"持续火热，给许多年轻人提供了展示自我的舞台，也让他们在努力与付出中获得丰厚的回报。

3. 微商是年轻人自我价值实现的利器

生活就像一盒巧克力，你永远不知道谁会成为下一位在你朋友圈中卖东西的人。借助移动终端平台上的移动互联技术进行商品买卖活动，已经得到更多人的认同。毕竟，越来越多的人从微商那里享受到了便利、周到的服务，也由此结交了更多知心朋友。

做微商可以获得商业利润，让年轻人在财务上不再捉襟见肘，更重要的是，在努力与付出的过程中，年轻人可以拓展社交圈子，获得另一种成就感。毫无疑问，影响微商销量的关键就是口碑和信任度，而口碑的提升和消费者信任的取得，需要经营者用心打理、诚信做事。显然，一个人只有提供好的产品、优质的服务，才能赢得客户的信赖，这在无形中提升了当事人做人的品质，也在一定程度上实现了自我价值。

对每个微商经营者来说，无所不包的互联网文化，充分享受理性而自由的社交生活，为用户带来比金钱更重要的购物体验，如果能够做到这些，相信你的微商生态系统就能够得到极大的完善，从而实现精准传播和营销，获取更加丰厚的回报。

尝试着把问题转变成解决方法

人类从远古时期就在身体里遗留了两种本能：战斗和逃避。毫无疑问，战斗需要消耗更多的能量，因此逃避成了人类的本性之一。作为生存的本能，逃避也许是有效手段。但是，周围环境不断变化，如果一直故步自封，就要承受被淘汰出局的压力。

当一件看似不可能完成的任务摆在人的面前时，大多数人出于本能会抱着唯恐避之不及的态度，把烫手的山芋扔给别人。这样做的结果是，他们可能终其一生都没有勇气挑战不可能完成的工作。相反，积极乐观的人不会抱怨，他们会尝试各种可能的机会，努力改变眼前的一切，直到问题解决的那一刻来临。显然，尝试着把问题转变成解决方法，才能拥抱成功和财富。

高中二三年级的时候，维贾伊·马诺哈尔就读于得克萨斯大学下属的得州数理高中。在那里，他萌发了创业的想法，并决心致力于公益事业，帮助更多的人。

在公益行动中，维贾伊·马诺哈尔认识了一个女孩贾丝明·马丘卡，她来自得克萨斯州丹顿市的郊区，过去几年来家里遭遇了很多困难。贾丝明·马丘卡的妈妈是一位单亲母亲，在一家快餐连锁店里打两份工，艰难地供养着4个子女。由于家庭经济条件拮据，姐妹们看上去精神状态很不好，甚至有些营养不良。当然，她们就读的学校也很破，同学大多来自贫困家庭。

虽然物质条件贫乏，日子很艰难，但是贾丝明·马丘卡是一个有梦想的女孩，她渴望成为一名作家。事实上，每个孩子身上都有一笔宝贵的资产——尚未发挥的潜能。如何才能帮助贾丝明·马丘卡？这件事一直萦绕在维贾伊·马诺哈尔的心头。

热心公益事业，并不是一时兴起。事实上，维贾伊·马诺哈尔的爸爸从小就教导他，让世界变得更美好，人生才更有意义。因此，他不想按部就班地出生、上学、工作、成家、死亡。做一些有意义的事情，帮助更多的人，这些想法深深扎根在了维贾伊·马诺哈尔的心中。

2011年春天，学校大幅削减预算，暂时无力购置新型号的电脑。于是，老师要求学生自己想办法解决。对经济条件优越的家庭来说，这不是问题；但是对那些物质条件差的学生来说，就遇到大麻烦了。

维贾伊·马诺哈尔很快发现，许多低收入家庭的学生根本无力购买电脑。那些生活条件好的学生不曾想到，还有同学在为电脑发愁。在家里连续几个小时上网、工作，刷Facebook时还嫌网速慢，这是许多穷苦人家的孩子无法想象的事情。

如何帮助同学解决眼前的麻烦呢？维贾伊·马诺哈尔绞尽脑汁也没有任何进展。一个周末，他忽然看到爸爸拿着新的手提电脑，于是问："爸爸，您那台旧电脑呢？"还没等到爸爸回答，一个惊人的想法就在维贾伊·马诺哈尔的脑海里中闪现了出来。学校由于资金不足无法更新电脑，而很多企业却定期淘汰工作电脑，为什么不把淘汰下来的工作电脑送给买不起电脑的同学呢？

这个想法得到了爸爸的热情支持，随后维贾伊·马诺哈尔清楚了自己下一步的行动方向。不久，他创办了PCs2Prosper，并将其作为参赛项目，参加得克萨斯大学墨菲创业中心举办的"点子大赛"。

PCs2Prosper是一个非营利组织，旨在将企业中淘汰的电脑捐赠给需要电脑的优秀学生，维贾伊·马诺哈尔由此架起了企业和学生间的桥梁。当他把电脑递给贾丝明·马丘卡时，她的脸上绽放出美丽的笑容，维贾伊·马诺哈尔感觉自己做了一件特别有意义的事情，也充分体验到了改变世界的真正意义。

"只要有无限的激情，几乎没有一件事情是不可能成功的。"生活中，那些平庸的人喜欢用"不可能"这个词，所以注定默默无闻。他们总是说这不可能，那不可能，其结果就是真的没成功，真的不可能了。

如果你想有所作为，就不要拒绝自以为不可能完成的任务，应该带着一种良好的应战心态，勇于接受挑战。学会将问题巧妙转换，许多看似不可能做到的事情都会迎刃而解。请记住：只要去尝试，你就是世界的主宰。

一对夫妇想购买一辆二手车，但是在车库里看了又看，都不满意。年轻的推销员发现这对夫妇自尊心特别强，而且爱挑剔，但他并没有反感对方挑剔的态度，还夸对方很有眼光。双方谈得很好，最后高兴地告别。

第二天，一位顾客到店里准备卖掉自己的旧车，双方商定以500美元的低价成交。随后，推销员给那对夫妇打电话，说有人准备卖掉一辆旧车，但是自己拿不定主意，想请他们过来指教。盛情邀请之下，那对夫妇高兴地来了。看了车之后，推销员谦虚地请这对夫妇给出参考价格，结果他们说："如果车主愿意以800美元卖掉，您就立即买下来吧。"

推销员提出："假如我花这么多钱把车买下，您不想再从我

这里买走吗?""很愿意啊!"妻子立即说,随后又担心推销员加价。接着,推销员主动提出以800美元的价格把这辆车卖给了这对夫妇,结果对方高兴地把这辆车买走了。

这位推销员是一个转换问题的高手。首先,他把对象的性质变了:本来是推销的对象,却变为了自己请教的老师。与此同时,他又将问题的性质进行改变:把一个推销汽车的问题,转换为请教他人的问题。这样做满足了他人的自尊心和自豪感,达到了比直接推销更好的效果。

此外,通过转换问题方向,不仅让难解决的问题迎刃而解,还可以把问题变成机会,掌握主动权。或者将原来关注的焦点转换为原来不关注的焦点,也能有效解决问题,找出摆脱困局的方法。

年轻人思维敏捷,个性张扬,对"循规蹈矩、按部就班地过一生"深感恐惧。他们开动脑筋,大胆进行各种尝试,努力发现商业机会,并帮助消费者解决实际问题,找出获取利润的方法。

"互联网+"，属于创新者的时代

今天，中国正在步入互联网时代，越来越多的技术创新、模式变革层出不穷，越来越多的线上服务交易和商品交易让消费者尽享便利与快捷。从"80后"到"00后"，沐浴在"互联网+"的时代里，既是新经济的参与者，也是创新者。

在深圳科技园附近，许多白领都知道"小农女送菜"这个微信账号。这是一个向客户贩卖新鲜蔬菜的微信平台，其最鲜明的特色是贩卖"切好洗净的半成品蔬菜"。也就是说，用户可以在微信上点当天想吃的菜，在下班之前，"小农女"就会把烹饪所需的半成品（如切好的肉丁、萝卜条、黄瓜片等）送到用户楼下。用户可以在回家途中下单，大大节省了买菜的时间，也免去了洗菜、切菜的麻烦。

这种极富创新精神的服务模式迅速获得用户的认可，"小农女

送菜"公共账号在开通不到3个月的时间里便拥有了15000名粉丝，所提供的菜品也从最初的8种上升到了90种。卖菜方式与众不同，而且极其方便、高效，因此这种服务广受欢迎也就不足为奇了。

那么，这个微信卖菜的团队是谁呢？原来，他们是腾讯公司的员工。这些年轻人近水楼台先得月，凭借对微信技术的出色掌握与充分理解，轻易捕捉到了市场需求。

在客户开发方面，"小农女"选择一边利用微信"附近的人"这个功能进行推介，一边在主要目标区域派送传单。他们的传单非常简单，文案更是寥寥无几，在传单的正面写着四个大字——微信卖菜，并且配上二维码图和一个配送流程图，传单的背面写着"腾讯员工离职卖菜，放心菜、良心菜"。于是，"小农女"迅速抓住了用户的眼球，短时间内被市场认可。

成功的互联网公司与创富精英是互联网经济发展的产物，其成功之道脱离不了时代大背景，而核心的一点就在于其互联网思维的胜利。生于互联网时代的年轻人感知力、接受能力最强，因此最容易成为当下的创新者。

把前瞻的创意与互联网结合起来，进行"互联网+"创新，往往能在短时间内创造惊人的成功，这就是互联网的强大力量。比如，小米手机能够野蛮生长，是因为"互联网+"时代极具创新意识的粉丝营销模式；去哪儿网、途牛网等一批网站的兴起，是将旅游与互联网嫁接的创新。

"互联网+"不但让创新变成现实，还能进一步获得商业上的胜利。但是，成功站在风口并不容易，如果将互联网看作一场席卷整个时代的风暴，那么创新就是让人获得站在互联网风口的机会。与互联网嫁接的创新，也就是"互联网+"模式带给我们前所未有的机会，而要想把握这个机会，关键就要看个人的创新能力。

除了理解互联网技术，更重要的是创新者有预见未来的能力，而这一点更多来自后天的成长。为此，我们需要从以下几个方面把握构成这种成长的重要因素。

1. 对新鲜事物充满兴趣

兴趣是商业想象力的源泉，因为有兴趣才会主动了解、学习、实践，从而对所在行业与项目形成全面、前瞻的认识，并做出战略构想、设计出执行方案。洞见未来的能力不可能一蹴而就，也不可能突然拥有，这种能力必然来自一步一步地积累，而这一切的源头，就是对所在的领域感兴趣。

2. 拥有科学的思维方式

科学的思维方式是预见能力的保障，这种思维方式包含逻辑推理、合理假设、因果思考等多个方面。如果没有正确的思维方

式，即便你掌握了大量信息，也未必能获得正确的预见、前瞻的判断。唯有借助科学的思维方式，我们才能把构想变成现实。

3. 掌握充分的前瞻信息

掌握最新的科学和技术动向，有助于对未来形成准确预判。换句话说，当一个人已经明确掌握了迈向未来的第一步之后，那么他接下来的道路就自然顺理成章了。获取信息的方式是多种多样的，尤其是处在互联网时代，无论身处哪个行业，无论身处世界的哪一个角落，只要做个有心人就能及时获取最新的信息。通过阅读、学习以及访谈，我们可以形成自己的知识体系，紧跟时代步伐，并做出科学预测与决策。

4. 大胆实践并不断试错

当对未来的预见处于设想阶段时，最好能够用某种方式实践一下。当然，囿于科技发展等方面的限制，我们可能无法切实地去完成这种实践工作。但在条件允许的情况下，对这种预见进行可行性的试验仍然很有必要。勇敢行动才能获得真知灼见，更重要的是，这种实践往往能够导致创新的出现。

第二章

建造管道：边玩边赚钱，摆脱时间换金钱的陷阱

与传统上班赚取收入不同，今天无所不在的财富机会令人眼花缭乱。边玩边赚钱，正在成为现实，关键是你要善于建造持续获取利润的平台，或者找到持续盈利的项目，从而形成一个财富闭环。

疯狂的天才：把兴趣变成发财机会

美国一所中学在入学考试时出过这样一道题目："比尔·盖茨的办公桌上有5个带锁的抽屉，分别贴着财富、兴趣、幸福、荣誉、成功5个标签。但是，他每次只带一把钥匙，把剩余的4把钥匙锁在抽屉里。请问，比尔·盖茨每次带的是哪一把钥匙？"

老师对学生说，这只是一道智能测试题，书本上不会讲这种题，也没有标准的答案，每个人都可以根据自己心中的想法给出答案。那么，盖茨本人给出的答案是什么呢？他的回答是：在你最感兴趣的事物上，隐藏着你人生的秘密。

在获取财富的道路上，兴趣为什么如此重要呢？在橄榄球名人堂中占有一席之地的弗兰·塔肯顿说："如果不好玩，说明你做得不对。"把喜欢做的和正在做的事情联系起来，并投入热情和精力，是获取财富的关键。当一个人在做事过程中感到快乐时，他才能让才智迸发出来，创造出奇迹。

当你专注地投入某件事情时，如果感觉度日如年，那就代表你对此毫无兴趣；反之，感觉时光飞逝，则说明它能释放你的激情。在创造财富的过程中，如果不知疲倦地投入精力做好一件事，并不断地尝试新的方法获得突破，一定会得到回报。

很多人从未尝试过，仅从书本、媒体宣传中了解一点，就断定某项工作、某个行业不是自己的兴趣所在，无法专心投入精力展示个人才华，结果一事无成。许多时候，我们需要真正静下心来，踏实做事，才能发现自己的兴趣点，并有所成就。

很多年以前，汤姆曾在广告公司任职，他认为这是收入丰厚的行业。虽然他具备灵活的表达方式，也想出了极富创意的点子，并且收入不菲，但是他没有从内心深处真正爱过这一行。后来，汤姆感觉乏味了，决定到外地旅行，重新审视自己的内心。

虽然不知道下一步将会做什么工作，但是汤姆认为必须追随自己的内心，做自己真正感兴趣的事情，否则有再多收入也无法令他开心。想清楚了这一点，他就不再焦虑和担忧了，开始积极寻找合适的职位。

回忆往事，汤姆想到自己曾经对着一整屋的人进行演讲，那是他一生中最有趣、最刺激、最享受的时刻。由此，他认定这就是自己想要从事的职业。演讲带给汤姆快乐，并且他特别享受这

种乐趣。

　　随后，汤姆开始四处寻找合适的合作伙伴，决心在这一行业做出业绩。不久，他找到了一个研讨班的主讲，这个人是一位知名的公共演说家。两个人一拍即合，汤姆正式成为这个人的助手，专门学习演说技巧。

　　一段时间以后，汤姆能对着听众独立演讲了，展示出出色的演说能力。越来越多的人喜欢听汤姆演说，而他也彻底爱上了这一行。因为从事自己喜欢的工作，汤姆不但收入越来越多，也收获了更多快乐。

　　不要以为做自己想做的事情并不容易实现，这是一种懒惰的想法。你的兴趣和快乐情绪就是吸引财富的磁铁，但是大多数人并没有意识到这一点。许多人认为，只有赚到足够多的钱才能开心，或者还完贷款、买了房子才能充分享受生活。其实，只要做自己喜欢的事情，财富自然就会降临。

　　兴趣是财富的源泉，是一个人不断前行的动力。比尔·盖茨、马克·扎克伯格放弃了在哈佛大学的学业，将精力投入感兴趣的互联网行业，并通过坚持不懈地努力，最终成为世界级富豪。

　　在获取财富的道路上，兴趣一直都是前进的指路明灯。在兴趣的指引下，年轻人更容易找到前进的方向。人的精力是有限的，如果将自己的时间都投入感兴趣的事情上，做事情就会更加专注，在付出之后，更容易有所回报。相反，如果我们忽视了自己的兴趣，很多努力都将成为无用功。

因为兴趣，人会更加了解自己从事的工作。如果无法全身心投入工作，缺乏应有的热情，那么始终是一个"门外汉"，很难掌握做事的要领，离财富之路也会越来越远。只有疯狂地热爱，才会产生无穷的动力和智慧，从而达到成功的目标，获取更多的财富。

发现自己的与众不同，并令其增值

这个世上能毁掉一个人的致命一击，就是缺乏自信。每天一开始，自信心不足的人就会说："我配不上它。谁会雇用我这样的人呢？他们怎么会想让我升职呢？我到底该不该申请那个领导职位呢？"显然，缺乏自信会让你变得魅力尽失。

很多年轻人在职业生涯或创业起步的阶段，往往缺乏自信。他们从未认真想过，自己与众不同的地方是什么，如何保持并扩大这种优势，在未来的竞争中加分。稀缺的个人优势、技能是巨大的富矿，能够带来源源不断的财富。在互联网时代，这一点尤其重要。

很多年轻人虽然在学校认真学习，但是他们从未获得过自信，更不相信自己的与众不同。这种状态不利于建立个人优势，也无法应对各种残酷的挑战。忧虑或消极的心态对年轻人来说是一种巨大的伤害，让我们来看看一个年轻人的内心独白。

　　我一直不知道自己想做什么。直到后来，我变成了家里的"英雄"。家里一有什么东西坏掉，我就会负责维修它们，这成了一种心理默契。有一次，家里的螺丝刀坏了，我只花了几秒钟就把它修好了。显然，我希望将这种修理东西、解决问题的智慧运用到学业上，让自己成为优秀的学生。

　　在中考前的一次模拟考试中，成绩非常糟糕，这带给我极大的焦虑。怎么能在100分的物理考试中只拿到10分呢？我虽然沮丧到了极点，但依然没有放弃。物理老师也给予了我很大鼓励，提醒我看看自己错在哪里，并努力改正这些错误。结果，在最后的考试中，我取得了成功，顺利考上了理想的高中。

　　一次糟糕透了的考试经历，最后竟然带给我突破自我的机会，并确立了自信，这是多么令人惊喜的事情啊！后来，我代表学校参加了国内外许多不同的比赛，均取得了优异的成绩。其中，令我印象最深的是在全国金融比赛中，和来自各地的50多名高中生同台比试金融知识。在那场比赛中，我取得了第一名，为学校争了光！

　　这是一个年轻人获取自信后破茧成蝶的故事。想获得成功，首先要相信自己与众不同。如果你怀疑自身的价值，那就不要期望得到他人的认可。

工作中更是如此，如果你对自己创造价值的能力没有信心，那么为自己争取相应的薪酬这件事情，对你来说只会越来越难以开口。金钱的交换是一种能量的交换，对自我产生积极的心理认同则是一种正能量，是获取财富的动力。

如果不敢承认自己的价值，不善于发现自己的潜能，那么别人也很难帮到你。因此，保持自信、提高自我价值的最好方式，除了保持积极的心态，还要倾听并接受他人对你的赞赏。比如，收到一封电子邮件表扬你的工作，一定要记得保存它。然后，建立一个专门的文件夹，把它拷贝进来。之后，记得把所有对你的正面评价都放进这个文件夹里。

你也可以准备一个日记本，只要有人打电话感谢你或称赞你，就记录下来。也许下一周或下个月，在参加一个非常重要的会议前，你先把这些内容浏览一遍，搞清楚自己究竟拥有多少价值。

我们究竟该如何找到令自己充满激情的方向，并以独立自主的态度看待这个世界？海伦·凯勒说过："生活要么大胆尝试，要么什么都不是。"

你所能看到的所有伟大事物，其实都是从一个很小的想法中萌生出来的。你的这个想法一定是自己感兴趣的、能令你充满激情的、能够让你保持自信的。当你遭遇挫折时，只有自信能让你坚持下来。比如，一个人喜欢帮助别人做生意，这是他的激情所在。所以，他选择做企业战略顾问，工作起来自然感觉得心应手；当遇到棘手的问题时，也能欣然接受，选择迎接挑战。

今天，许多年轻人想创业，却没有改变现状的信心。请牢记，"改变"才是商业世界的内在逻辑，不要重复去做市场上已有的产品，否则你无法取得应有的竞争优势。让自己变得与众不同，进行创新性的设计显然更容易取得成功。在市场上，竞争力是投资人最看重的东西，少了这个优势你就会丧失商业价值。如果你没有足够的竞争优势，那就尽早选择退出，去其他地方发现自己的价值。

此外，制定切合实际的目标也是获取成功的关键。在实现目标的过程中，你应该对自己有长远的规划，保证永远在正确的道路上前进。特别是当你的项目处于扩张阶段时，这一点尤为重要。眼界和目标决定了一个人最后能够走到哪里，这也是让个人增值的现实选择。

比如在创业过程中，即使你获得了市场的认可，自我价值被肯定，也要努力实现持续进步、不断成长，避免被外界淘汰。对于新产品，即使受到消费者欢迎，也要相信它还有完善的空间，需要进一步精心设计、持续改进，只有这样才能吸引到新的买

家。如果无法持续让自己或产品增值，那就意味着失去了竞争力，迟早会被舍弃。

　　不要给自己设定过多的条条框框，更不要让体制决定你的未来。演讲艺术家舒利·布雷克斯说过："我们有不同的能力，不同的思维方式，不同的经历，不同的基因，那么，为什么我们要让一整个班级的孩子接受同样的测试呢？"每个人都能成为家里、学校、商场上的超级英雄！找到你的优势所在，并在市场中实现其价值，你就找到了获取财富的通道。

互联网时代，要学会看门道

微信作为一个即时通信工具，一经推出就受到了广大用户的喜爱。微信中"附近的人"本质上是一项LBS（基于位置的服务）业务，用户能够借此精准定位自己所在的位置并与周围的人进行交流，这些极大地方便了用户的生活。

随着互联网科技的发展，营销方式也在不断变化，但市场竞争的核心始终是用户。因此，经营者想抢占先机、赢得市场，就要为用户提供更贴心、更完善的服务。在中国，微信有着数量庞大的用户群体，这给经营者进行定位导航业务提供了先决条件。但是，仅凭庞大的用户群体不可能在激烈的市场竞争中站稳脚跟，必须要具备其他的特色服务。

首先，经营者在推行微信定位导航业务时要进行本地化服务，方便本地人们的日常生活，在此基础上还要增加异地服务查询项目；其次，经营者的微信定位导航业务要具备实用性，能够

精准查询到用户周围的基础设施；再次，在大数据营销①时代，经营者要对大数据库理念的信息进行分析整合，通过分析结果进行产品服务信息的微信推广营销。

微信定位导航最大的优势就是能将人的关系紧密联系在一起，令一个圈子里面的信息可以精准地扩散和推广，帮助经营者拓展市场，从而在微信形成的社区中开展更加精准的定位营销。

今天，微信正为人们带来一种全新的生活方式。对许多人来说，要在朝九晚五的工作模式中忙碌，忍受没日没夜的加班，才能每个月拿到几千块的工资。但是在杭州，有一位身着考究西装、脚踩锃亮皮鞋、满面春风的男士，过着轻松自在的日子，月收入轻轻松松过万。他不是什么高级白领，而是一位"新潮的哥"，借助微信实现了财富倍增。这个人的名字叫蒋烨。

年近40的蒋烨开了十几年出租，月入也不过4000元左右。一次偶然的机会，他看见一位乘客拿着手机跟朋友聊天，就像用对讲机一样。好奇之下，经过询问才知道这是一种流行的社交工具——微信。

---

① 大数据营销是基于多平台的大量数据，依托大数据技术的基础上，应用于互联网广告行业的营销方式。大数据营销的核心在于让网络广告在合适的时间，通过合适的载体，以合适的方式，投给合适的人。

通过微信，不仅可以和朋友发文字、表情，还能发语音，最重要的是能通过定位功能知道彼此之间的距离。蒋烨眼前一亮，心想：如果利用微信锁定乘客，做预约服务，那就太方便了！

想到就做，蒋烨开始大胆尝试。经过不断研究、摸索，他学会了通过定位搜索附近好友，并主动与对方打招呼："您好，我是出租车司机，想约车可找我。"蒋烨说："这就像当面给人发名片一样，能迅速找到有打车需求的人。"

一段时间后，蒋烨果然通过微信接到了许多订单，并且有人成了他的粉丝，需要打车就在微信上约他。为了更好地迎合年轻人的需要，蒋烨又在车上办理了无线上网套餐，免费为乘客提供上网服务。考虑到行车安全，他又给自己配了专业武器——微信专用耳机，戴上它，只要轻松按键，就可接收语音消息。

现在，蒋烨的个人微信里已经有400多位好友，这些都是他的客户。为了减少消耗，蒋烨制定了一个约车条件，市区50元起约。目前，他每天的营业额都在六七百元上下，除去成本，也有400多纯收入，月收入达1.3万左右，成了名副其实的"万元的哥"。

蒋烨借助微信打开了财富之门，做好了自身品牌的营销。这种营销的实质是感情营销、信任营销，利用微信朋友圈口碑宣传达到盈利目的。每个人都可以借鉴他的这种方法，通过开通个人

微信号和订阅号对自己进行宣传，找到自己的受众，通过互联网发现盈利的模式。在构建自己的盈利模式过程中要把握好以下两点。

1. 提升粉丝数量，形成互动效应

要注意增加粉丝的数量，可以通过微博进行宣传，鼓励用户在微博上晒单，或者找其他商家互动。这些方法成本不高，效果很大，时间一长就能有效增加微信粉丝。

2. 将潜在客户的消费欲望转化为消费行为

有了大量粉丝后，就要学会将这些潜在客户的消费欲望转化为消费行为。购物下单最理想的状态就是直接发送指令或者微信菜单之后，可以进入到企业微官网，这样更快更方便。然后进入到支付环节，最好是用微信支付，因为跳转次数少，速度更快。

科技进步日新月异，必须紧跟时代的潮流，摸准潮流的脉搏。无论是个人还是企业，利用好微信，才能抓住商机，拥抱财富盛宴。哪里有抱怨，哪里就有商机，想赚钱就要了解顾客的需求。在互联网时代，要学会看门道。谁能够通过互联网加强与消费者之间的互动，谁就打开了财路。

轻松玩出这么多活粉，你能比吗

美国《连线》（*Wired*）杂志创始主编凯文·凯利先生，提出过一个有趣的铁杆粉丝理论。他说："任何艺术创作者（主要指作家），只要拥有1000名铁杆粉丝，就能够养家糊口。"

在商业世界里，凯文·凯利的铁杆粉丝理论并非无稽之谈。研究发现，普通粉丝也许会钦佩偶像，但是不一定会花钱购买偶像的作品；铁杆粉丝则不然，他们愿意购买与偶像相关的文化衫、杯子、文具等周边产品，并从中感受到乐趣。

事实上，粉丝现象是互联网文化的产物，不同的爱好者借助网络联结成一个粉丝圈子，在分享情报的过程中交流心得，收获快乐。通常，他们会定时组织各种活动，忠实地宣传自己追求的偶像，显示出强大的影响力。伴随着粉丝文化的兴起，各种潜在的商机也日益得到重视。

在市场经济条件下，铁杆粉丝凭借无与伦比的品牌忠诚度和强烈的消费欲望，成为创作者或某个品牌的主要目标客户。道理

很简单，没有粉丝的创作者注定会被市场淘汰，而没有粉丝的品牌则无法在激烈的竞争中立足。牢牢抓住粉丝，特别是满足他们的特定需求，你就能建立自己的竞争优势和不可忽视的品牌优势。

需要明确的一点是，用户不等于粉丝。粉丝对产品或品牌忠诚度高，并且有着稳定的消费习惯。用户与之不同，他们未必忠于某种产品或品牌，消费习惯也会发生变化。显然，只有忠于你的用户才称得上"粉丝"，并具有巨大的商业价值。

在微博最火的那段时间，明星的知名度主要靠微博粉丝这个指标来评价，当时姚晨一度成为微博界的明星霸主。但毕竟明星都是频频曝光于媒体上的人物，知名度高也无可厚非。

然而，今天微信粉丝最多的一个人却只是一个草根，他拥有三千万的粉丝，他就是——周群超。被女孩子称为神一样的帅哥周群超，分享了他的成功经验。

第一，一个人管理了一百多个账号，最小的账号也有几十万粉丝，加在一起共有三千多万粉丝。他每天要花十几个小时收集整理有趣的内容，分享给听众。

第二，他善于对各种工具进行分析和挖掘。比如，从事微博营销的人都知道pp精灵，很多人只是用它定时发个博文，但是周群超还琢磨出了如何定时转发、如何定时群发等。

所以，周群超作为一个普通人，能拥有三千万粉丝的奥秘在于他能找准自己的位置，专注于一个方向，慢慢积累粉丝，并通过广告宣传从中赢利。

周群超说："其实最大的竞争力，不是粉丝的数量，而是运营力。"也就是说，唯有从用户的能力出发，才是未来C2B①模式中的稀缺能力，才能使传统企业成功走上互联网化的道路。

以前，市场份额是企业最大的竞争力，市场份额的竞争引发价格竞争。而随着苹果手机的崛起，人们看到了一种新的竞争方式——粉丝份额。如何拥有更多具备增长值的粉丝，并把他们变成最有价值的粉丝，成为企业新的追求目标。

随着互联网思维的普及，粉丝经济开始被大部分企业接受，任何企业都可以发展粉丝经济，利用粉丝经济指导企业的营销策略。简而言之，粉丝经济寻求的是品牌态度与消费者之间的精神共同体。

---

① C2B（Customer to Business，即消费者到企业），是互联网经济时代新的商业模式。这一模式改变了原有生产者（企业和机构）和消费者的关系，是一种消费者贡献价值（Create Value），企业和机构消费价值（Customer Value）。

在过去，企业与用户之间的沟通渠道非常狭窄。由于传播技术条件的局限，用户只能单向接受企业的宣传，而无法与企业产生更多的互动交流。因此，企业和用户之间很难产生感情，不能和用户建立品牌忠诚度。但互联网的诞生彻底改变了这一局面。如今社交网络非常发达，年轻人更喜欢这种方式。这不仅使得企业能全方位纵深宣传自己的产品或品牌，更有利于企业同年轻人建立联系。

传统营销理论认为，传播能力决定了品牌的价值。传播范围越广，知名度越高，品牌就越成功。显然，这个观念在互联网时代应当有所调整。

品牌是产品与口碑相结合的产物。今天，任何消息都有可能被放大成爆炸性新闻，因此负面评价对品牌的杀伤力不容小觑。不容忽视的一点是，消费者能通过论坛、博客、微博、微信等各种网络平台表达自己的意见，从而对品牌产生巨大的影响力。

今天，互联网打破了地域限制，能够让全球各地的消费者在最短的时间内完成集结，共同支持或反对某件事。这在过去是无法想象的。比如，消费者在互联网上发布的差评很容易传播开来，甚至引起广泛的共鸣，让品牌积累多年的信誉和口碑毁于一旦。

因此，经营者不能只考虑扩大传播范围，还要注意在粉丝中保持良好的口碑。树立品牌不能只依靠广告宣传，还有赖于消费者群体的综合评价。玩出众多粉丝是好事，但是要警惕各种突发事件给品牌带来的损害，否则就得不偿失了。

为用户画像，打造消费者专属的产品

今天，很多年轻人都在大谈"互联网+"，这显然没有搞清楚互联网的本质是什么。在目前的环境中，三五年内大家都是互联网公司。每个人都要用互联网渠道来做事情，每个人都要用互联网思维①来做事情，每个人都要用互联网的执行能力来做事情。不管你是卖酒的、卖茶叶的，还是做手机的，本质是一样的。

但是，互联网思维本质上并不是产品思维，而是用户思维。互联网让用户参与到公司的产品中，这是一种前进。然而这显然还不够，对于产品的设计是没有止境的，做产品永远都是没有最好只有更好。尤其是让用户参与以后，他们在每个阶段都会有他们的预期，你只要超出他们的预期就可以了。并且

---

① 互联网思维，就是在（移动）互联网、大数据、云计算等科技不断发展的背景下，对市场、用户、产品、企业价值链乃至整个商业生态重新进行审视的思考方式。

你的产品跟他们的意见在不断迭代，不断向前跑。

比如普洱茶，你说如果要提供一种最好的茶，到底一杯茶是一千块还是两百块？说不清楚。但是用户希望能够花18块钱喝个好茶，那就把18块钱的茶做到极致，让它超出预期。

2017年11月1日，中国手机创新周暨第五届中国手机设计与应用创新大赛最高奖，在2017中国智能生态创新大会上隆重揭晓。"咪咕圈圈"一举斩获中国手机应用最高奖——中国APP创新天鹅奖。

"天鹅奖"作为中国手机应用的最高奖项，被誉为智能终端及移动互联领域产业链与创业者的年度竞技场。这次盛会的选拔标准极为严格，评选历时6个月，经过作品征集、公众投票，再由专家级评审层层筛选，最终评选打分选出。

"咪咕圈圈"作为此次获奖者，在创作上以运营商标准平台为依托，首开"创作者低门槛优产出模式"。它鼓励更多的原创作者投入动漫IP的创作，大大推动了国漫的发展。截止到2017年底，咪咕动漫拥有合作伙伴超1300家，上线正版动漫作品超过37万集，获取到授权的动漫形象超过4800个，累计引入IP超过2000个，涵盖了影、游、音、书画全品类。

在经营模式上创新，是"咪咕圈圈"胜出的重要原因。它打

造千人千应用，根据用户行为、用户性别、内容标签和来源通道进行不同推荐和画像，让每个用户都有自己的专属APP。在线上应用多样的兴趣圈和社交圈打造的同时，线下活动与线上产品紧密结合，打造泛娱乐生态，形成强大的市场竞争力。

咪咕致力于有趣，致力于改变，致力于缔造全球手机动漫产业的中国标准。它的产品设计是从用户出发的，完全是为用户打造属于自己的APP。通过这种方式，改变用户的娱乐生活，打造传播优质文化和分享极致体验的世界一流平台，让用户去发现无限的可能。

其实，无论是线上的APP设计，还是线下的销售，都是从用户出发来打造产品的。现在很多年轻人都喜欢海底捞，它的魅力在哪呢？就在于它做的每一件事情都超出了用户的预期。

年轻人为什么喜欢海底捞，因为海底捞有东西能够让你震撼。海底捞的装修很一般，店的位置也很一般，但是它有一点非常不一样的感受，它的服务员非常热情，很亲切的笑容，让你觉得这个餐馆真的很好。

海底捞的服务是专门为用户打造的，它的每一项服务都是从客人的心理出发的。海底捞门口有免费的饮料、免费的零食，排队的时候还可以打扑克、美甲，每一件事情都能吸引年轻人的目光。经常看到很多年轻人宁愿在海底捞门口等着，也不愿去别的饭店吃饭，道理就在这里。

任何时候，创业过程中一定要从用户出发。很多年轻人说起自己的产品时，总是说它哪里哪里好，但是从来没有想过用户会不会喜欢。做产品提供的是一个整体体验，不仅是硬件，更是通过软件、互联网服务提供整体的用户体验，这才是创业者最应该关注的东西。

很多年轻人喜欢小米手机，因为它关注得更多的是手机能够帮到你什么，能够让你以前那样做的事情变成这样做。小米做了这样那样的功能，解决了用户的需求，所以用户喜欢，其实都是手段。产品的价值在于给用户提供了什么价值。要实现最后的价值，就不只是做硬件，就要和软件、服务结合在一起，全方位地为用户服务。

"90后"有想法、有冲劲，但是这种冲劲经常会让人头脑一热，就冲动地去做一些事情。所以年轻人在致富的路上，一定要想清楚，我的产品能不能持续提供最优的性价比和最好的用户体验给最终用户，这才是真正的机会。

如果一家公司丧失了能够持续不断给用户最好体验的能力，这家公司面临的风险是巨大的，只要它能抓住主要问题，无论用什么方法，能保持住自己的这种能力，提供最好的用户体验，就

有机会。

年轻人总说风险，其实一家公司的风险总是层出不穷的、源源不断的，如果你总是担心这些问题，那就没法做事情了。只要贯彻用户思维，为用户全方位地打造产品，就能够长盛不衰。

懒人经济学：帮助他人就是成就自己

勤劳才能致富，这个观点流传了千百年。然而在创意经济时代，只顾低头干活会迷失方向，懂得进行创新性思考才能突破自我，实现质的飞跃。事实上，许多发明创造就是为了省去机械重复的劳动而诞生的，只要勤思考，"懒人"也能拥抱财富梦想。

有时候，赚钱并不需要复杂的模式，只要能够最大限度上满足消费者的需求，或者为市场提供某种特定的产品或服务就可以了。从本质上说，市场经济是一种互利互惠的合作与分享艺术，你的产品或服务能够为消费者提供便利，自然受欢迎，并获取相应的利润。

1. 别人做复杂的东西，我们简单做

在马云创立B2C（商家对顾客）模式之前，国内最有名的网上商城是当当、卓越。可以说，它们比马云领先一步，并在市场

上获得了极大的影响力。问题在于，当当和卓越将B2C复杂化了，为了保住已有的市场变得谨小慎微，结果失去了创新能力与开拓精神，最后反而裹足不前。

后来，马云看到当当和卓越出现亏损，意识到了问题的严重性，于是开始寻找新的出路。研究发现，当时卓越网拥有先进的配送链和物流基础，但是基础利润非常微薄。不难想象，从美国将货物千里迢迢运到国内后，还要面对烦琐的流程，导致企业的盈利能力大大削弱。

别人做复杂的东西，我们简单做。想到这里，马云开始了创新性设计。他整合阿里巴巴的资源，并借助淘宝网的平台，将卖家和买家结合到一起，从而打通了传统B2B和C2C的隔阂。采用这种模式以后，商家和顾客都被吸引到淘宝网这个平台上，阿里巴巴可以将货物直接销售给消费者。

马云突破了传统的B2C模式，让商业模式变得简单，也让更多人受益，结果大受市场欢迎，销售量暴涨，淘宝网蒸蒸日上。但是，马云并没有自满，看到有品牌的商家无法在淘宝网上获取竞争优势，他立刻推出了"淘宝商城"。这既做大了淘宝的品牌市场，也吸引了更多消费者。

淘宝商城出现以后，淘宝网的盈利问题立刻得到解决。马云帮助品牌商家占领市场，吸引消费者的眼球，得到了回报，实现了双赢。另外，马云帮助消费者省去了大量中间环节，直接面对高品质的产品，也赚足了眼球。看似为他人做嫁衣，其实是在成全别人的同时也成就了自我，这就是马云的模式创新，它从根本上诠释了懒人经济学的真谛。

不可否认，赚钱有各种模式，但是越复杂的模式、越复杂的方法意味着效率越低，运营成本也会越高。因此，在获取财富的道路上选择简单的模式，是成功获利的关键。可口可乐并没有复杂的产品和高新的技术，但是它在饮料市场上创造了奇迹；十三香只有几分钱的利润，但是在调料市场上赚得盆满钵满。它们都凭借简单的模式满足了特定的市场需求，因此获得了丰厚的回报。

自从细节研究越来越多之后，一切事情如果不复杂就似乎显得你很不专业，很外行。所以就在人们苦苦追寻高级商业模式的时候，最核心的东西却从人们身边溜走了。这一点确实需要创业者谨记。

年轻人在创业之初尽量寻求单一、简单的模式。不要害怕单一模式会被别人拷贝，因为你的单一模式别人不一定能做得出来，而且就算做出来也是徒有其表。复杂的模式往往意味着复杂的流程，中间会有更多的损耗。优秀的公司模式都是单一的。

2. 把简单的东西做到极致

解决了购物的问题后，马云并没有满足，没有想着怎样提高利润，而是想办法帮用户解决支付的问题。在网络世界里买东西，最令人关注的就是如何付钱。当货物没有寄来的时候，或者收到的货物出现了质量问题时，消费者显然不愿意立即支付。

为此，马云和他的团队经过周密的市场调研，推出了"支付宝"。"你敢用，我就敢赔"，这是马云给用户的承诺，也让买卖双方吃了一颗定心丸。支付宝最重要的宗旨就是简单，帮助用户轻松解决在线支付问题。明确的定位与优秀的产品设计成就了淘宝网，也奠定了马云成功的基础。

对于电子商务来说，支付宝的诞生具有里程碑的意义。当用户使用支付宝放心购物以后，商家也看到了曙光，由此淘宝网的交易量迅速增加。此外，支付宝还涵盖了数码通信、虚拟游戏、商业服务以及机票预订等服务内容，让消费者享受到了极大的便利，在市场上获得了无可争议的竞争优势。

仔细想一想，在支付宝出现之前，马云的阿里巴巴就是国内最大的电商平台了。但是他并没有因此而满足，只想着怎样提高利润，而是想办法帮助用户将网购的流程做得更加简单，更加快捷。

　　"90后"都是有想法的年轻人，但是这种想法很容易变得复杂化，觉得不复杂就不足以显示出创意。事实上，一件产品越复杂，越难帮助到需要它的人。年轻人一定要坚信极简主义①的魅力，现代人都变得比较懒，所以帮助别人偷懒就是在帮助自己。

---

① 极简主义是一种生活以及艺术上的风格，本义为追求极致简约的呈现效果，并且不接受任何违反这一形态的事物。

创业，从组建志同道合的群落开始

互联网和移动互联网技术拉近了人与人之间的距离，使人们的交往变得更加便捷、更加自由化。在这样的大环境下，社群也就应运而生了。互联网是一个没有边界的网络生态系统，在这个系统里，不同地域、不同层面的有着相同爱好、相同理念的人聚拢到一起，组成社群。通过社群，人与人之间在社会关系、情感志趣、实时共享等方面的联系进一步加强。

得益于互联网的快速发展，人与人之间的联系已经变得快捷和方便，大大提升了沟通的效率。通常，两个陌生人之间的联系根本不需要六个人，借助互联网平台可以轻松建立某种联系，聚合到一起。

1. 创建平台聚集起志同道合的人

时至今日，人与人之间都是可以通过某种方式取得联系的。例如，在中国当下获得众多精英小众群体追捧的中国式众筹，也是一种建立人与人之间联系的有效方法。通常来说，这是一种以咖啡馆作为平台载体的众筹方式，以形式多样的创业主题定位吸引精英群体加入，极大地满足了移动互联网时代的人们反而更趋向于线下交流的小众社群的意愿。

1898咖啡馆成立于2013年10月18日，是由200位北京大学杰出校友企业家、创业者，利用众筹方式创建的国内首家校友创业主题咖啡馆。和普通的咖啡馆不同，在提供餐饮服务的基础上，1898咖啡馆每年会举办200多场的创业讲堂、投资讲堂、创新讲堂、失败讲堂等创新创业相关活动，这些活动为年轻的创业者搭建了交流的平台，越来越多的创业者来到这里寻求帮助。

后来，1898咖啡馆登上了美国时代广场的巨大屏幕，并被中央电视台多次采访报道，获得首批"中关村创新性孵化器"的授牌。显然，这与创业生态经济蓬勃发展密不可分。

1898咖啡馆有别于传统咖啡馆：它不再是依靠销售咖啡等产品赢利，而是以咖啡馆为基础，搭建一个致力于经营的平台。众多的企业家、创业者以及有梦想的年轻人都可以通过这个平台沟通和交流，并获得各种资源。

"中国式众筹咖啡馆"创造了一种新的社群模式，这种模式如今非常受年轻人的欢迎，为广大的年轻创业者提供了机会。

2. 互联网拉近小众的距离

网络的发达，使得人们之间的交往变得更加自由。一方面，带来了愉悦的社交体验；另一方面，随着移动互联网的发展，实时在线和移动交互功能也得到了强化，这更加提升了人际交往的便捷性。在某种程度上，移动互联网与社会交际网络实现了交融，极大地拓展了社会关系的广度和深度。

受此影响，原来偏居一隅的小众活跃起来，他们之间的距离被拉近，并因为相同的爱好建立起互信关系，催生了社群组织的发展。个体之间通过资源交换和协作共享，互相激发出创意智慧与发展能量，由此创造出巨大的价值。

"疯蜜"是一个诞生于微信朋友圈的社群，社群的用户是一群有钱、任性的美少妇。虽然社群人数不多，半年多的时间里，付费会员只有2000多人，却有超过3亿的估值。

作为一个典型的小众社群，"疯蜜"社群的入会条件非常高：一线城市的会员，资产要千万以上；二三线城市的会员，资产也要300万以上。而且，会员还需要有高颜值，并喜欢享受生活。这样的小众群体，在以前是很难诞生的。但如今，这些人通过互联网聚集在一起，组成了社群。

那么，这个富有创意的社团是如何诞生的呢？2014年11

月，张桓在朋友圈里发了一条消息：招募100个有钱任性的美少妇作为"梦想天使"，见证自己的成长。张桓在500多个报名的人当中，挑选了100人，组成了社群，并诞生了"疯蜜"。在2个月的时间内，就从最初的一个微信群，扩展到了10个微信群，大批的精英女性都报名加入其中。

因为加入"疯蜜"的女性都是同一社会阶层的女性，所以，在这里她们能够找到归属感。而且，参与者因为处于同一个消费阶层，具有共同的话题，因而关系也变得更加紧密，慢慢地她们逐渐成了社群的主人。

"疯蜜"社群中的会员虽然来自各个领域，但她们都有共同的爱好。在加入到社群后，大家从彼此不认识，到相互熟悉，有了共同的话题，共同创造价值。在这里，会员们与跟自己有相同兴趣爱好的人在一起，可以将自己的兴趣和热情发挥到极致。

在社群中，各种资源得到了更加高效的利用，不同时空地域的人们，通过资源共享，共同创造出高于个体价值的更大价值，也就是社群经济。

在社群中，产品是双重的。一方面是社群中推出的产品，并通过一定的方式运营。比如"疯蜜"社群中，如果大家有了一起要做的项目，就通过股权众筹的模式发展这些项目。另一方面社

群本身也可以作为一种产品，比如张桓向符合条件的美少妇们兜售会员资格。

　　"90后"的年轻人，大多都是独生子女，更加渴望组建属于自己的社群，通过社群与跟自己有相同兴趣爱好的人在一起共同创造价值，实现个人和集体价值的最大化。互联网的普及，给这些年轻人聚集在一起创造了便利的条件，只要具有相同的理念和志趣，所有的时空和领域的限制都可以被打破，从而让志同道合的人汇聚到一起，带来财富机会。

第三章

连接思维：青春＋，二十几岁实现财务自由不是梦

在今天这个时代，只有实现财务自由才能摆脱朝九晚五的束缚，去做自己真正喜欢做的事情，无限接近自己的梦想。年轻人思维活跃、精力旺盛、时间充裕，人生有无限可能。只要你追随大势思考，敢于为之行动，实现财务自由就会梦想成真。

打痛点，找亮点，我的青春越来越显眼

年轻人思维活跃，总会有各种天马行空的想法。但是年轻人往往会过于在意自己的想法，反而忽略了用户的感受。在创业时，一定要找到用户的痛点，也就是用户真正想要的东西，这样才能给用户最优质的体验。

什么是用户的痛点呢？对于牙病患者来说，他最需要的是将自己正在疼的牙齿拔掉，只要医生拔掉了这颗痛牙，就是真正的成功。而对企业来说，痛牙就是企业身上最基本的体验点，找到用户身上的这一颗痛牙，就找到了用户的痛点。

在创业的过程中，一定要找准用户的痛点。这句话听起来很简单，但是很多企业至今都做不到。如果将企业比作牙医诊所，有些企业连最基本的痛牙都找不到，患有牙龈炎的患者前来就医，却被当作龋齿进行治疗，这些无疑都是极其恶劣的体验，它们连基本的用户痛点都没有找到。但是，将患者的病症成功治疗就算是做好了用户体验吗？这还远远不够。

　　寻找并解决用户的痛点，能够决定企业的命运。诺基亚手机的产品质量在手机领域可以说是无人能及，其通信能力在整个领域中也是数一数二的。以往的传统手机时代，用户最需要质量过硬、通信效果良好的手机，诺基亚精准地找到了用户的痛点，所以在手机市场上占有长久的优势地位。但是在智能手机时代开启之后，诺基亚却没有找准用户的痛点，因为用户的痛点变多了。手机的质量和通信效果仍然是用户的痛点，但除此之外，手机的品牌识别度、网络兼容性，甚至外观都可以成为痛点，用户对后者的重视甚至超过了前者，在这种情况下，一味地坚持前者的诺基亚失去了自己的优势，只能被淘汰出局。

　　在新的时代，发现并满足用户基本需求之外的痛点，是进行差异化竞争的重要手段，优秀的企业往往就靠这一点拉开与同行之间的差距。在互联网时代，用户痛点变得更加多样化、更加复杂化，而且因为互联网技术的发展，企业在满足用户痛点时能够采取的方式也越来越多。譬如一个可供扫描的二维码，就可以解决用户无法获取商品信息的痛点。

　　微信的出现不仅改变了销售的模式，也改变了传统的商家连接用户的模式。"果哥"是众多水果店主对一微信店主的称呼。"果哥"半年前开了一家水果店，但这家店并没有自己的实体

店，更不要说店员了，他在勾庄借用了一个小小的仓库，合伙人是个"90后"的大四学生——周颖。

开店之初，他通过朋友圈发布信息，然后通过微信收集订单，并负责采购和送货。他本来只是想试一试这种方法，结果从最初4000元的月销售额，到后来每月突破了8万元。为了提升业务效率，他还特意招聘了一名美工与一名配货员，提供更加周到的服务。

"果哥"的微信每天都响个不停，都是用户催单的信息："果哥果哥，明天给我送一箱苹果。""果哥，我需要200元的凤梨和车厘子。"通常，每天接到的订单最多也就十几单，但是客户通常都以家庭为单位，每次消费至少100元。并且，采用这种方式订水果的主要是年轻的小家庭，所以水果的定位也比较高。

"果哥"的微信配货，带来全新的创意与启示。商家如果将社交平台和销售融合，可以与客户建立更加紧密的联系和信任，也能及时有效地处理各种售后问题。

在传统的商业模式下，用户痛点可以被用户需求替代。但互联网的发展造成了信息大爆炸，尤其是经济的发展让很多人有了一定的财富基础。在这种情况下，人们的消费方式开始由理性消费阶段过渡到感性消费阶段，更多的人开始关注精神上的享受，越来越多的企业开始挖掘用户的痛点，给用户打造全新的体验。

用过微信的人应该了解，在用微信发送图片的时候，微信有一个默认发送刚刚拍摄的第一张图片的选项，这个选项可以为用户节省打开图片文件夹寻找图片的操作，这个小小的技术创新给用户带来的体验值是巨大的，它就是建立在对用户痛点的挖掘之上的。

想要挖掘用户的痛点，首先需要研究用户的行为和心理，研究用户处于何种心理阶段，研究用户在接触某种产品或服务时的各种行为，这有助于你从细微之处发现有价值的信息。

这种用户痛点的改变是互联网所带来的变化，因为互联网推平了行业的壁垒，让传统的用户需求更容易被满足，基础痛点很容易便能够实现。在这个基础上，企业必须通过满足其他的痛点来展现出差异优势，从而获得用户的青睐。

对于生活在互联网时代的年轻人而言，只有抓住了用户的痛点，才能让用户有物超所值的感觉。良好的用户口碑都是建立在用户的痛点得到满足的基础之上的。所以年轻人在创业之前，一定要想清楚一个道理：谁能够为用户带去极致的体验，谁就能赢得用户的选择。

认准创业项目就要义无反顾地拼

一旦选择了某个创业项目，就应该投入全部的热情和精力，干出业绩。无论其间遇到什么麻烦和挫折，都不能轻言放弃。许多时候，人们无法把一件事情做到位，是因为执行不到位，或者不肯持续努力。对年轻人来说，无法投入全部才智做好一件事，是一种极大的浪费。

现代管理学之父彼得·德鲁克[①]说过："成功意味着你义无反顾，下定决心。"年轻人在创业之初不要浪费机会，一定要义无反顾地拼搏进取，不要等到山穷水尽了，再去后悔曾经没有拼搏过。

特洛伊和他的乐队是第一支登上芝加哥市中心著名的铜轨蓝调爵士俱乐部舞台的摇滚乐队，当时他迅速在芝加哥地区走

---

① 彼得·德鲁克（Peter F. Drucker，1909.11.19—2005.11.11），现代管理学之父，其著作影响了数代追求创新以及最佳管理实践的学者和企业家们，各类商业管理课程也都深受彼得·德鲁克思想的影响。

红。但是特洛伊只是红极一时，在换了几家唱片公司后，他彻底成了一位过气歌手。

不久，特洛伊的父亲死于心脏病。母亲为了维持生计，要求特洛伊回家帮忙。迫于生计和家人的压力，特洛伊只能离开乐队，暂时放弃自己的音乐梦。

1961年2月，特洛伊的母亲在报纸上看到一部电影正在招募临时演员，恰好就在当地拍摄。随后，特洛伊在母亲的鼓励下去试镜。在试镜的时候，他结识了一个忠实的粉丝，如果想再尝试出唱片，对方会给予资助。

机会摆在面前，特洛伊大喜过望。随后，他全力准备录制唱片，却遭遇了意外。

此前，他曾专为这种机会留过一首特别的歌，是韦恩堡一个当地DJ推荐给特洛伊的，歌名叫《这一次》。但这次坏运气又找上了特洛伊，正当他全力准备的时候，1961年4月，一场暴风雪席卷了当地，而乐队也只有三个成员能参加录制，即吉他手、萨克斯手和鼓手，贝斯手意外缺席。

面对眼前的窘境，如果是其他人一定会推迟录制，但是特洛伊就在那个暴雪之夜用自己的热情席卷了整个国家，点燃了摇滚乐爱好者的购买欲望。直到今天，这张唱片听上去依然悦耳动听，简约而不简单的制作过程更凸显出了它的非凡影响力。

不因为遭遇意外和挫折而放弃，始终坚守内心的信仰，这就是特洛伊。他把这种坚韧带进音乐创作中，赋予了音乐一种全新的生命力。在他的音乐里，你能听到一个被逼至绝境的人来自内心的呐喊。

彻底拒绝你再也不想经历的事情，拒绝让它再次发生，要与之抗争，在心中划一条底线，决不允许自己再越过那条线。让那个时刻成为你最后的决心，对自己说："再也不那样了，决不！"

如果一个人曾一度跌入我们所谓的"谷底"，就会理解那种状态。在那里只有死亡会比他当时的那种状态更糟糕。但一旦到了谷底，他就会发现一种崭新的力量，这种力量逼迫着他，令他脱口而出："简直受够了，我想马上离开现在的生活，无论付出什么代价。即使要经历一个痛苦的过程，我也要坚持改变。"

创造财富的过程也是一个痛苦的过程，在这个过程中你必须义无反顾，毫不退缩。因为只有这样，才能坚持改变下去，而不是被改变打倒。

环境并不意味着一切，义无反顾的激情胜过一切，年轻人不妨每隔一段时间就给自己写一条警句，告诉自己，立刻去做永远比等待机会更重要。没有真正的完美，只有此刻的完美——义无反顾地拼搏。

微信朋友圈：真人社交的财富圈

有人说朋友圈卖货就像摆地摊，这样说其实非常形象，不过它是通过电商平台的"摆地摊"。它的好处是能够极快建立信任，建立属于自己的圈子，有了圈子就等于有了稳定的用户。

朋友圈成为经济圈，主要做的是"熟人经济"，当社交媒体成为商业平台，朋友成为我们的用户时，那么我们只需要整合资源，便能够以产品换金钱。但是任何事情都是讲究技巧的，虽然"熟人经济"更利于促进交易，但是前提是保证质量和价格。

许多年轻人遇到钟爱的新产品，都会在朋友圈进行宣传。在微信时代开启以前，人类只可以通过朋友介绍或者聚会扩大交际圈。随着移动互联网时代的发展，QQ、微博以及微信相继出现，微信在某些程度上已经覆盖了传统的经营方式。

微信具有一对一交流的特征，通过微信，好友之间可以进行私密沟通。随着微信版本的提升，微信用户可以通过文字、视频、音频等沟通方式和好友便捷地交流。当我们在朋友圈看到某

些产品时，只需要打开微信和自己的朋友聊天，就可以完成从沟通到付款的整个流程。

随着微信的发展，信息传递范围不断扩大，扩展到整个世界。微信朋友圈可以通过特殊的力量使企业从周围的每个人开始，逐渐扩大营销范围。微信的崛起改变着人际关系网，使QQ、微博和微信产生密切的联系。可以说，朋友圈创造了一种新的营销模式。

朋友圈的出现，除了提供正常的社交外，还可以为朋友提供需要的产品，而自己也可以赚一笔零花钱，何乐而不为？当我们通过朋友圈与志同道合的朋友建立联系时，让社交生活更加多姿多彩，这就是微信朋友圈最大的价值之一。

那么，在微信时代，怎样做才能通过微信建立自己的财富圈呢？

1. 通过微信和朋友加深感情

在这个快节奏的社会，每个人都有繁重的工作压力，朋友们很久都无法见面，缺少沟通，关系会逐渐疏远。今天有了微信，人们在朋友圈里只需要一个点赞、一个评论就能把渐行渐远的朋友拉回来。

2. 注重积累人脉资源

在哪儿吃饭拍个照发到朋友圈约个饭，附近的朋友看到了便可以赴约。这是一种新型的社交方式，它的兴起完全是因为朋友圈。这种社交方式比以往见网友的方式更加方便快捷，很多年轻人都喜欢这种方式，并以此来扩大自己的人际关系网络，积累丰厚的人脉。

3. 在朋友圈展示自我

朋友圈是私人化的东西，分享和发布的东西都能够表现出个人的品位、爱好。它就像我们的个人媒体，随时能够和朋友圈的每个朋友分享自己的心情和想法。熟人和熟人之间是朋友的关系，熟人经济则是升华到朋友之间利益的关系，当朋友圈成为生意场，彼此之间的心理就更加微妙了。

使用微信朋友圈进行宣传，不论产品是什么，都需要找到自己的用户群，有了微信朋友圈这么好的平台，可以方便地建立属于自己的圈子，打造自己的圈子，也可以加入属于自己的圈子。只要找到组织，往往可以借用圈子的力量更好地发展。

圈子很重要，它决定着可以发展到什么高度。一个不争的事实是，和成功的人在一起，你会更容易取得成功。既然决定利用微信朋友圈致富，那么就要找到精准的圈子。只有自身的价值和圈子匹配，才可以获得圈子的认可。如何进入圈子并让圈子帮自己做推广，是需要技巧的。

1. 想要加入圈子，首先要为圈子提供价值

虽然人人都重视人际关系，但对于不能提供价值的不速之

客，我们还不是特别欢迎。所以要加入一个圈子，首先要能够为圈子提供价值，这样才能够获得圈子的认可，并吸引更多的人加入圈子，为我们提供价值。

2. 有了圈子以后，要利用圈子互动

有了圈子如果不沟通、不互动，加入了也是陌生人，对微商的推广是没有用的。即使是一句问候也可以，必须互动起来。例如，可以给圈子的朋友们分享自己的小兴趣，去了哪里、买了什么新的东西。只要能挑起话题，和圈子的人聊起来，都算是有效的互动。

3. 通过圈子分享彼此的资源

圈子的人多是有点成就的人，他们也都有自己的事业，可能是企业老板，也可能是微商创业者。有了圈子，就要学会资源共享、资源整合，和圈子里的人进行分享，互相推荐，这样帮自己推广的同时，也提升了和对方的人际关系。

当然了，使用朋友圈更要真诚。倘若把微信当中的"信"看成沟通需要的信息，那么微信营销中的"信"就是沟通需要的信任。如果在使用微信朋友圈的过程中，欺骗了朋友，那就相当于自绝于圈子。微信推动着每个人的人际关系边界不断扩展，通过便捷的方式使陌生人之间缩短距离，打消疑虑。但微信也在要求我们更加真诚，销售货真价实的东西。

借助数字化渠道管理获取竞争优势

互联网时代改变了传统企业的霸主地位，许多中小企业都因此有了以小博大的机会。首先，互联网平台改变了信息不对称[①]的局面，让处于劣势的中小企业有条件获得同样多的市场情报。其次，技术升级速度加快，削弱了大企业的规模经济优势。再次，面对个性潮流多变的市场，中小企业调头转型比大企业更灵活。最后，电子商务的发展能让中小企业把更多业务外包，借助虚拟经济联合体抗衡拥有众多实体工厂的大企业。

对每个人来说，在互联网时代一定不要走寻常路。如果不懂得变通，很可能会经历企业转型的阵痛。李维斯是美国的老牌牛仔服生产商，因为互联网商务的出现，用户有了比以往更多的选择，很多中小企业都通过互联网来销售牛仔服。李维斯因为订单

① 信息不对称（asymmetric information）指交易中的各人拥有的信息不同。在社会政治、经济等活动中，一些成员拥有其他成员无法拥有的信息，由此造成信息的不对称。

大量流失而裁员。在竞争的过程中，李维斯还因为牛仔服品种只有竞争对手的1/3，款式也不新潮而一度被逼至绝境。

同李维斯这样的大厂家不同的是，美国"定做鞋业公司"规模不大，仅有100多名员工。但公司配备了先进的光电子测量系统，只需几分钟就能帮用户测定出合脚的鞋样。有技术做保障，公司可以最大限度地发挥个性化订制模式的优势，设计出数万种款式的鞋子以供消费者选择。该公司平均每月营业额达到了1200万美元。

中小企业想要以小博大，最重要的是推陈出新，树立互联网思维，把产品IT化、把渠道数字化，否则很难适应新经济环境的变化。IT和互联网技术正在全面渗透传统产业，从产品设计到营销服务，互联网思维的影响无处不在。

今天，"80后""90后"已经成为消费的主力军，为了赢得年轻消费者的喜爱，个性化增值服务成为企业发展的新方向。苹果、谷歌等IT企业纷纷进入彩电、手机等领域，给传统生产商带来极大的冲击。针对形势变化，TCL启动了"全云战略"，以求在新时代中迅速占领先机。TCL与腾讯联合推出的"冰激凌"智屏，填补了智能云终端产品市场的空白。

年轻创业者一定要认识到渠道数字化的重要性，渠道管理历来是企业经营的重要课题。企业只有控制了渠道，才能把更多的主导权抓在手中，假如渠道扩展不顺，企业的前途就令人担忧。

互联网时代的渠道管理变得更加纷繁复杂。因此，数字化渠道管理是企业升级的必由之路。掌握了数字化渠道，年轻创业者就能获得以下竞争优势。

1. 拉近与用户的距离，及时获得用户的反馈意见

互联网消除了企业与消费者之间的信息不对称。消费者的主权意识开始增强，不再满足于被动接受企业提供的产品和服务，而是希望能平等对话并提高参与程度。品牌不再由企业单独创造，而是由用户赋予的。因为这是一个没有粉丝就没有品牌的时代，只有经过粉丝口碑认可的品牌，才能成为受消费者欢迎的品牌。

通过数字化渠道，经营者可以搜集到规模与精准度空前的商业情报。在通信手段落后单一的过去，经营者很难完成细致烦琐的市场调查。但在互联网时代，经营者可以通过各种网络平台直接与消费者对话，挖掘出有用的信息。

2. 便捷地测试用户对产品与服务的感知

通过在数字化渠道小范围地投放产品，经营者可以持续了解各种类型用户的反馈意见。通过不断测试，设计师与服务人员能够及时收集到有效的回馈，并经过不断努力打造出极致产品与服务，获取竞争优势。真实地了解用户对品牌的感受和意见，可以

避免生产营销的盲目性，提升成功率。

3. 增强与用户的互动，并培养更多粉丝用户

进入体验经济时代，消费者更加注重参与感。为此，经营者必须打开门户、放低姿态，最大程度上获得消费者支持。在互联网时代立足，不能忽视新技术、新营销手段的应用，要把消费者放在重要位置。

在开放的社交网络平台中，友好的态度是与广大消费者保持长久互动的关键。显然，经营者不应只把用户当成买家，而应当将其视为长期的朋友对待。当你培养起自己的忠实粉丝团，赢得了消费者的信任，就能感受到与用户融为一体的喜悦。

4. 提高粉丝的参与度，占领更多市场

企业在与粉丝互动的过程中，能了解到他们关注的焦点以及更多新的需求。小米公司就是在与粉丝团的互动中吸取创意，实现了每周更新版本的运作速度。粉丝参与度的提高，不仅能为经营者带来许多意想不到的新点子，还能大大提高他们对企业的满意度与归属感。久而久之，粉丝团与企业就变成了利益共同体。

互联网的发展给年轻人带来了巨大的机会，但这也是一个挑战。年轻人一定要抓住自己容易接受新事物的优势，紧跟潮流，创造属于自己的成功。

成为某一领域的老大，少不了优秀的团队

众所周知，一个组织的成败往往取决于组织领导的魅力、魄力、预见力，但如果只是公司领导阶层对自己公司的发展成竹在胸，自信满满是远远不够的。一定要通过很多切切实实的细节，让公司的员工亲身感受到，这样员工就会对正在经营的事业有一种可贵的参与感和强烈的认同感。

如何让自己的团队对公司的前景感到自信，产生强烈的认同感，马克·扎克伯格有一套独特的办法。扎克伯格知道要想让Facebook发展壮大，首先要选拔符合这个团队精神的人加入进来，这充分体现了他善用人才的特点。

扎克伯格在用人方面需要具备两个特性：一个是高智商，另一个就是对事业的认同感。高智商的员工有着很强的可塑性，有挖掘不完的潜力，可以通过培养成为行业的领头者。而对事业有认同感是一种更为难得的品质，因为这样的员工更加知道自己的定位在哪里，他们往往在工作上投入极大的热情。扎克伯格正是抓住

了人才的这两个特性，才能有选择性地进行人才筛选。

现在流行成功学，很多年轻创业者在看到这些信息后，都会怀疑自己的理念，有时还会为此迷茫。如果不知道自己的坚持是否正确，不妨看一看扎克伯格的做法。

传统的企业领导喜欢有工作经验的人来公司工作，但是扎克伯格不这样做。相较于一位有10年工作经验的软件工程师，他更喜欢缺乏工作经验，但聪明过人的年轻人。扎克伯格认为，如果一个人做了10年的软件工程师，那么他可能这辈子都会做这行。这样的人很有经验，对公司也会有帮助，但是这些工程师因为在之前的环境浸染太久，思维方式和办事习惯难免会留下原来的固定痕迹。这样的人就算来到了公司，也很难快速融入团队。

而高智商的人才虽是新人，却能够快速地接受和学习新事物，在短时间里做很多事，迅速地融入Facebook这个大家庭。就像一张白纸，充满了期待和未知性，让他们建立团队认同感相对来说简单很多，而这往往是经验丰富的人所达不到的。

此外，扎克伯格非常重视对事业有强烈认同感的员工。他说："一个人无论多聪明并极富效率，但如果缺少认同感，他不会真正努力。"正是因为坚持这种理念，扎克伯格在斯坦福挑选的几位工程师，都没有多少工作经验。但是他们都绝顶聪明，同时很想从事这个行业，愿意从最基础的工作做起，譬如创建Facebook相册。扎克伯格认为，这些对事业有认同感的有才之士比很多资深程序员更具有价值。

在管理机制上，看似散漫无序的方式，实际上很有规则和技巧，这种有组织、无纪律的创新管理方式的关键，就是让团队成员形成一种对自己所从事的事业的强烈认同感，这也是扎克伯格独具特色的领导模式。

其实，无论是在经营观念、企业文化还是人才选用上，马克·扎克伯格作为年轻创业者的代表，都会把自己的行动准则传达给员工，并以他充满活力的创新思维领导着Facebook。这是扎克伯格成功的原因，也是年轻创业者需要学习的。

优秀的领导会为企业注入灵魂，正是这种灵魂，让每一个企业都独一无二。要让公司的员工感受到你的热情，产生一种对事业的认同感。创业者一定要用自己的坚持和热情赢得其他成员的信任和拥戴。只有这样，员工才会认同你，信服你。

一个真正的团队应该有一个共同的奋斗目标，成员之间的行动也是相互依存，相互影响的。只有这样才能更好地协助合作，追求集体的成功。创业者要在管理团队上将自己的理想、人格和价值观融入公司的精神之中，这样可以使整个公司成为一个独立而团结的队伍，对事业有强烈的认同感，公司的全体员工在这种

认同感的带动下，会变得越来越有活力，有干劲。

团队认同感是现代企业精神的重要组成部分，同事之间虽谈不上什么生死之交，但一定要能够风雨同行、同舟共济。团队之间没有紧密合作的认同感，仅凭一个人的力量，永远也达不到理想的工作效果。只有通过集体的力量充分发挥团队精神，才能使工作做得更出色。

每一个优秀的企业能够做大，都是因为坚信自己能够成为行业的老大。只有对自己有信心，才能在行业竞争中取得优胜地位。

第四章

创意定制：满足用户需求，完美构想才能顺利成真

在追求个性的年代里，越来越多的商家都在适应和提供定制服务，从不同的角度来满足不同客户的需求。唯有令人惊艳的创意才能让客户满意，让整个行业焕发生机与活力。

网络这么发达，有创意的人都成功了

近年来，宽带网络速度大幅提升、移动通信终端广泛普及、生产管理的自动化程度提高，商业发展逐步由大批量生产到个性化定制，由电商平台战略到企业的O2O策略转变，这一切变化预示着小众时代的到来。

互联网的推广，极大地繁荣了消费市场，不仅促使消费需求更加多元化，也促使消费需求更加个性化。利用互联网平台，有着不同消费需求、不同爱好的人群可以更加快捷地联系在一起，聚集成为小众圈子，这为小众服务创造了可能。

众所周知，大众化服务追求薄利多销，小众化服务追求少销多赚。在互联网小众时代能否使用经营策略——制定创意，抓住小众群体，是成功的关键。一些人紧跟互联网发展规律为小众群体提供服务，建立小众服务社区，成功地以其独特的创意分享了小众市场。

20世纪90年代初，在美国马萨诸塞州有一家小型的生物技术公司，他们专为高歇氏病开发了一种新型的药，叫"伊米苷酶"，到2008年时，这种药一年能给公司赚12.4亿美元，而每年患者只有5000名。

5000名带来12.4亿美元的收入，可见收益是多么大。因为小众药物的制造和生产线更复杂，一般厂家很难模仿，加上这种高歇氏病本身非常罕见，患者又遍布全球，如果他们想要得到这种药，只有这一家公司可以生产，于是这家药厂就可以保持非常昂贵的定价率和定价空间，以此保护自己的知识产权。

其实，有时从一点出发，小众反而能够获得主流市场的认同，获得一个全世界范围的聚集，获得更高的收益。但是小众市场的核心是要有自己独特的竞争能力——创意，否则小众也会瞬间变成大众，被潮水般泛滥的信息给淹没。

如果你是一个创业者或者有创业想法的人，你必须清楚自己的核心竞争力，不妨从自身创意着手，推出别人想不到或没能力创造的产品。

很多创业者在思维观念中，总是不自觉地与大公司和知名品牌相比较，并认为自身不存在优势。其实，对于起初的创业者来说，没有必要同大公司和知名品牌竞争，因为以卵击石在他们掌控的游戏中用类似的产品将他们击败，这是很愚蠢的。

将一款新产品带入市场是一个漫长、复杂又耗钱的过程，大公司通常不屑于像创业者或者小公司那样迅速地将简单的创意推入市场并从中赢利。

规模小并不像很多人认为的那样是一个劣势，其实它是一个优势。创业者可以快速反应并独自做出决定，还可以抓住大公司忽略或不予理会的黄金机会，那些行业中的佼佼者会把很多机会搁置在一边。

所以说，与其同竞争对手针锋相对，不如标新立异，寻找新机会，率先将新颖的创意带入市场，并通过研究市场找到自己的竞争优势。那么，寻找自身竞争的优势又该注意哪些问题呢？

最为重要的是创意不要太大——创意要简单。以产品为基础的创业失败的主要原因是创意过大：对市场而言创意太新颖、太复杂，不易销售，产品生产困难、成本昂贵。如果产品卖不出去，无论创意多么巧妙，也无济于事，没人愿意生产这样的产品，也无法靠它挣钱。因此，用简单的创意开始小型创业是最合适的。

什么是简单的创意？简单的创意是指生产出容易沟通、制造并销售的新产品，它对消费者、制造商和商家都有意义，它很容易走进人们的生活，对商家来说好卖，对制造商来说好做。

很多成功的简单创意都是对成熟市场中的现有产品加以改

进、提高或增值发展。对现有产品进行微调通常是最聪明、最简单的市场入门方法，但方法不止一种。

你可以对现有产品做进一步的改进，适应不同的市场定位。比如名人鸭，就是把典型的小橡皮鸭变成以名人肖像为主的高品质橡皮鸭，它的市场定位是喜欢收藏的成年人，而不是给小孩子玩的玩具。

可以把开先河的简单创意带入市场，尽管我们并不能确定产品会带来巨大变革或进一步发展，但是可以肯定的是，因为我们的产品创意足够简单，风险较低，我们成功的概率就会非常高。

一般而言，成功的简单创意具有以下特征：第一，可消费、可收藏或被广泛使用的产品；第二，应该有巨大的市场；第三，有独一无二的益处，消费者可以一目了然；第四，有让人眼前一亮的元素；第五，体积应该较小；第六，用现有技术和普通材料制作；第七，体现生产者的风格；第八，有很好的盈利空间。

总之，在互联网发达的今天，小众经济异军突起，标新立异，追求个性是这一经济发展的标签，如果你想在互联网小众时代迈开创业的步伐，你必须打造自身的核心竞争力，你必须赢在创意，赢在与众不同。

玩转知识经济，用点子点亮人生

亨利是一家水果店的老板，不过因为竞争太激烈，他的生意一直不太好。另外，水果保鲜期比较短，不及时卖掉就会腐烂。所以，亨利的水果店一直是入不敷出，几乎到了关门歇业的边缘。他也一直在想对策，希望改变现状，不过效果并不理想。

一天，亨利去一家果园批发水果，顺便参观了一下果园，看着挂满枝头的果子散发出诱人的香味，亨利突然想到了一个解决生意惨淡的点子。

第二天，亨利在水果店门口放了一个巨大的广告牌：新鲜水果，现摘现卖，您看得清楚，买得放心！广告让顾客们很好奇，因为水果店里的水果都是堆起来卖的。当然，后边那句"您看得清楚，买得放心"更加吸引大家，因为以往堆起来的水果，并不方便大家挑选。

顾客们走进店里之后才发现，亨利真的做到了他广告上所说的，他在店里布置了许多假树，然后把水果挂在假树上，有红红的苹果、金黄的香蕉、紫色的葡萄……香气扑鼻，让人垂涎欲滴。正如亨利说的，顾客们可以把每一个水果都看得清清楚楚，并且可以亲手把水果"摘"下来。不一会儿，亨利的水果店里就挤满了顾客。

凭借这个想法，亨利招揽了许多顾客，让他的小店也起死回生，并且生意越做越大。后来，亨利又到塑料厂定做了许多"果树"放在店里，而且有的顾客甚至会把"果树"一起买走，放在家里，现吃现"摘"。

对任何一个行业来说，好的创意都会给企业、个人带来丰厚的财富。知识经济时代更是如此，好的点子不仅能给自己带来可观的财富，甚至会给整个行业带来意想不到的繁荣。

事实上，我们已经进入了创意经济时代，好的想法借助合适的条件可以变现，帮你获取财富。年轻人是创意设计的主力军，有想法、有趣味是其鲜明的群体特征。玩转知识经济，用点子点亮人生，对年轻人来说已经成为新时代的使命。

"Finish"是一款以针对拖延症为卖点的应用软件，在许多方面都取得了不俗的成绩。这款软件的开发者和首席设计师是Basil有限责任公司的创始人赖恩·欧布奇。

谈到"Finish"这款应用软件，还要从赖恩中学时代说起。在九、十年级的时候，赖恩的情绪比较差，虽然他想像其他人期望的那样，他的成绩很出众，父母很高兴，老师也很喜欢他，但是他自己觉得现在做的一切并没有什么价值，他觉得非常压抑，就像是被困在一个不真实的、重重设限的环境里。他非常想做点什么，或者创造出点什么东西，最好是能够影响世界的东西。这个念头越来越强烈，他非常渴望能够在学校之外做点什么。

2011年12月，进入十年级期末考试季，各种压力蜂拥而来，赖恩的情绪变得更差了。他想让自己活动起来，找遍了学校里的日程本以及各种平台上的有关待办事项方面的应用，却没有找到一款适合自己的。喜欢科技和创造的赖恩决定自己动手做一款应用，经过一段时间的观察，赖恩发现拖延症对人们和社会的影响很大，于是就打算做点什么来解决拖延症给个人和社会带来的问题。

明确了目标之后，赖恩就开始关注拖延症方面的内容。在此后的一个学期里，赖恩仔细研究了拖延症背后的心理机制，也研究了克服拖延症的方法，以及激发人们动力、提高人们工作效率等方面的内容。

到了暑假，赖恩和自己的好朋友麦克一起投入了这项事业当中，他们准备设计并开发一款针对拖延症人群的任务管理和待办事项应用。原以为这项事业不会耽误他们太多时间，可实际情况并非如此，整个暑假他们并没有完成这款应用。到了下一个学期，两个人继续自己的事业，不过他们在学业上的压力也很大。虽然他们一度认为可以在短时间内完成这款应用，但事实上他们一连工作了好几个月。当然，在这个过程中他们也学到了许多东西。

应用完成之后，他们就交给了苹果公司，不过苹果公司并没有立即给他们回复，他们也不知道自己到底会不会成功。不过很快，事实证明他们成功了，而且非常成功。

2013年1月，"Finish"上市，并且很快成为应用商店工作效率类第一名。随后，赖恩就接到了苹果公司的电话。几周后，这款应用上了苹果应用商店的首页，获得了"苹果新品应用推荐"。在这之后，美国几家知名的媒体相继采访、报道了赖恩的创业过程。

事情并没有就这样结束，该应用获得了2013年苹果设计大奖——该奖项旨在奖励那些提升了设计、科技、创新行业标准的应用。而且这款应用的下载量还一度超越了非常火爆的"愤怒的小鸟"这款游戏。

不管是卖水果的亨利凭借新奇的想法，让自己的水果店起死

回生，并赚得盆满钵满，还是赖恩·欧布奇靠着与众不同的点子创造了多个第一。这些都是在告诉我们，要想有与众不同的成就，就要有与众不同的想法。

生活当中，新奇的事物不在少数，但是太多的人习惯了靠着前人的经验来生活、做事，也就是我们常说的"随大溜"，这种现象非常普遍。随大溜的人思维上有惯性，想做的事情都是常规的、缺乏新意的。虽然他们不会出什么错，但是成就也寥寥无几。所以，年轻人想取得成功，就要打破思维定式，敢于求新创新，尤其是在经济高速发展、信息极度丰富的今天。

将好想法付诸行动，一不小心就做大了

石油大王洛克菲勒说过："不要等待奇迹发生才开始实践你的梦想，今天就开始行动。"这句话告诉我们，怀有理想，想要成功，就要付诸行动，因为行动是成功的保证。

曾经看过一则小笑话：

一个年轻人一贫如洗，他很想改变这困苦不堪的境况。但是他又不想太过劳累，于是就跑到庙里，跪在菩萨面前祈祷。

第一次，他走进庙里，虔诚地跪在了菩萨的神像前，诚心祷告："救苦救难的观世音菩萨，请看在多年来我虔诚孝敬您的份上，让我中一次彩票吧。"祷告完毕之后，年轻人转身离开了庙宇。

过了几天，年轻人再次来到庙里，依然虔诚地跪在神像前，虔诚地祷告："善心的菩萨，我为什么没有中彩票呢？我愿意更尽心地孝敬您，求您让我中一次彩票吧。"祷告完以后，年轻人又走了。

又过了几天，这个年轻人再次来到庙里，对着神像说道："救苦救难的菩萨，您为什么不让我中彩票呢？求您让我中一次彩票，让我解决掉所有的困难，我会用一生来孝敬您。"

就在年轻人准备离开的时候，神像上空传来很祥和又很无奈的声音："年轻人，我一直在聆听你的祈祷，可是最起码你也应该买一张彩票啊。"

这是一则笑话，现实中不会有这么蠢的人，但是有人有这样的想法——不付诸行动，却又想有收获。这样的想法在很多人身上都出现过，想想我们自己身上是不是也时常出现这样的想法。

"世界上存在两种人：空想家和行动者。空想家善于谈论、想象，而且经常设想做大事，但是从不去做；而行动者则是去做。"从事业上来说，行动者比空想家更成功。这是因为行动者有了想法之后就会付诸行动，而且是持久地、有目的地行动，而空想家们则很少着手行动，或者行动了，但是很快就懈怠了，最终半途而废。

此外，行动者在遇到困难、挫折时也不会轻易放弃，他们具备为了目的坚持不懈的品质，所以他们能够成就非凡的事业。和行动者相比，空想家们虽然也有很远大的梦想，但是也仅仅是梦想而已。

所以，如果一个人想要取得成功，就要放下空想，从现在开始行动起来，并为实现自己的梦想持之以恒地行动下去。只有这样想、这样做了，才有可能实现自己的梦想。

《读者文摘》的创始人德威特·华莱士曾参加过第一次世界大战，回国之后在家乡一家农业期刊出版公司工作。当时美国政府提供了许多免费的农业资料，敏感的华莱士认为把这些资料摘录成一本文摘一定会很受欢迎。于是，华莱士就向老板提出了这一建议，但是老板不仅没有采纳他的建议，反而把他开除了。但是华莱士并没有放弃自己的想法，他一直在考虑如何将自己的想法付诸行动。

1921年，在电报机发明25周年之际，《纽约时报》刊登了一篇关于电报对信息传播的重大作用的文章。包括华莱士在内的十几个人从中发现商机，他们觉得如果有一本刊物，能够将信息进行汇编，以便让读者从大量的信息中快速找到适合自己的信息，必定会大受欢迎，这与华莱士一年前的想法不谋而合。

在考虑到发行的问题时，他们想到了邮局，于是他们来到邮局申请发行。但是邮局拒绝了他们，理由是从来没有出现过这样的刊物，而且现在条件并不成熟，需要再等一等。听了邮局的

回应，其他人都打算再等一等。但是华莱士决定立即行动，让自己的想法变为现实。邮局不给发行，那就自己发行。想到这里，他就立即行动起来，购买了2000多个信封，将订单装入其中，分发到全国各地。

终于，在1922年初，靠着借来的5000美元，华莱士和新婚不久的妻子，在纽约的格林威治的狭窄公寓里出版了第一期的《读者文摘》。第一期一共发行了5000份，全部采取直接邮寄的方式。

从此，这份刊物就一发不可收拾，越做越大。到了2002年，《读者文摘》已经成了世界性的刊物，用19种文字出版，发行到了129个国家，年收入超过了5亿美元。

是的，这就是行动的力量，如果华莱士只是一个空想家而不付诸行动，那么也就没有了世界性的刊物——《读者文摘》。的确，即便你是一只雄鹰，但是没有展翅的欲望，你依然无法遨游天空；即便你才高八斗，但是没有提笔的欲望，那么你也不会妙笔生花；即使你能力非凡，但是没有努力拼搏，又怎能脱颖而出。所以说，要想成功，就要行动。

正如拿破仑所说，想得好是聪明，计划得好是更聪明，做得好是最聪明。成功开始于思考，要有明确的目标，这些都是成功必不可少的因素，但是真正让成功变成现实的是行动。这就好比我们给车加满了油，也规划好了路线，但要想到达目的地，我们必须将车发动起来。

所以，要想成功，就不要害怕实践自己的梦想，就不能因为恐惧而裹足不前，不要到了人生的尽头才懊悔自己原来也可以实现梦想。只要有了好的想法，就要立即付诸行动，不要担心会遇到挫折、坎坷。因为只有行动起来，才能取得成功，那些没有价值的拖延只会让我们变得愈加胆小、恐惧，并最终丧失信心。

网络剧，让好剧本迎来了春天

2017年是网络剧井喷的一年，而且涌现出了一大批优质网剧。

在众多高质量的网剧中，《白夜追凶》《无证之罪》《河神》等剧很受观众喜爱，其中《白夜追凶》的海外播放权更是被美国媒体巨头、世界最大的收费视频网站网飞（Netflix）买下，这是该公司首次买下中国内地网络电视剧播放权，计划在全球190多个国家和地区上线。这对国内的影视市场不得不说是一针强心剂。

当然，高质量的网络剧离不开高质量的剧本，这也表明，今后好的剧本将迎来新一轮的春天。曾几何时，网络剧给人的印象就是粗制滥造、题材单一、不入流，但是随着制作公司的不断进步，不断改良，网络自制剧的质量已经有了明显的提高。当然，这其中也充斥着一些品质低下的网络剧。

随着网络文学的越发红火，网络剧也会找到越来越精良的剧本。中国传媒大学戏剧影视传媒学院教授戴清曾对网络剧和网络文学进行分析，他曾提到，众多网络剧的剧本来源于网络IP，这也是网络剧和电视剧的区别之一——母本的来源不一样，后者多对已经出版的纸质小说进行改编，而网络剧则直接从网络IP中寻找素材。

据"艺恩数据"显示，IP剧这几年一直在呈逐年上升趋势，2015年的占比为24%，2016年为42%，2017年为50%。而网络IP的兴盛，则给网络剧提供了极其丰富的资源。

网络剧的质量取决于网生内容，而网文和网络剧都是网生内容，网络剧是网文的衍生产物。因此，在受众上它们有很大的重合度，尤其是深受年轻群体的喜爱。也正因为如此，制作公司为了减小风险，自发地选择了那些积累了一定读者的网文。

尤其是那些爆款的网络作品，它们已经接受了市场和读者的检验，积累了丰厚的粉丝，也就更容易引起制作团队的注意。另外，年轻群体有很大的参与性，他们不满足于作为读者、观众，也想积极地参与其中，这也就更丰富了网络剧，使得网络剧的母本资源更加丰富。

网络剧的蓬勃发展，已经威胁到了传统电视剧的生存，电视台不得不做出转型。以网络剧《三生三世十里桃花》为例，该剧不仅在网上播出，还被搬上了电视台。这说明电视台也越来越看

中网文改编的内容，网生内容已经不仅仅占领网络，而且蔓延得非常厉害。究其原因，粉丝经济起到了决定性的作用。《三生三世十里桃花》的母本已经在年轻群体中产生了一定影响，所以被制作成网络剧之后在网络上有了几十亿的点击量，而电视台也是看中了其背后巨大的粉丝群才加以引进的。

此外，网络剧的兴盛还有另一方面的表现——越来越多的传统制作团队开始试水网络剧。典型的例子是老牌电视剧制作公司"正午阳光"，他们开始做《鬼吹灯》这样的网络文学。这也说明优质的制作团队开始和优质的平台进行强强联合，当然，这并不是说网生内容会被中和，没有自己的特点，网络的特色不会改变，因为要迎合它的粉丝。因为有挑剔的粉丝在背后，所以不管是制作团队还是制作平台都不敢放松。他们只会制作出越来越精良的作品。

当然，网络剧还在成长阶段，必定会经历各种阵痛，会有更多的突破。总体来说，优秀的网络剧还是少数，因为跟风复制的风气还很严重。但是随着资本和众多制作团队的涌入，更丰富的资源必定会不断出现。

另外，我们还应该学习国外的优秀经验。以2017年底爆款网络剧《白夜追凶》为例，该剧节奏快，悬疑性强，特别是对美剧"植根生活，捕捉社会热点"这一点汲取得特别好，这是个进步。以前的网络剧太过偶像化，严重脱离生活，脱离现实，所以看上去有些距离。而《白夜追凶》对美剧的创作经验真正做到了本土化改造，"快递小哥"是发生在我们生活中的事件，这样生活质感就出来了。而生活的质感根植于生活，也是今后网络剧发展的一个趋势。

这也就不难理解，为什么说好的剧本要迎来新一轮的春天，因为网生内容决定了网络剧的质量，而挑剔的观众已经不再满足于那些粗制滥造、题材单一的网剧，他们对网络剧有了更高的要求。因此，网络剧的制作团队要寻找更加优秀的剧本，以往那种快餐式、不讲究的剧本势必不再被制作团队接受。

另外，国家的监管也从侧面逼迫制作团队选取更加优秀的剧本。从广电总局出台的各项管理规定中不难看出，广电总局也在加强对网络剧的监管和约束，这虽然会约束网络剧的一些优势，但是也会逼迫网络剧提升产品品质，因为目前有些网络剧真的是粗制滥造、过于随意、缺乏文化品位，这确实是存在的问题。

约束的强化会让制作团队不断关注作品的质量，那些优秀的剧本也就脱颖而出了。归根究底，网络剧的兴盛是粉丝经济刺激的结果，粉丝的需求是制作团队考虑的首要因素，而受众认可的必定是口碑和质量上乘的作品。

交友平台，瞬间捧红 N 多领域草根明星

说起草根明星，他们之所以会在短时间内爆红，甚至知名度一度超过那些娱乐明星、体育明星，这是因为，人们的生活水平提高了，温饱问题解决了之后，便开始追求精神方面的愉悦，很多人不满足于做观众，也想参与其中，做"明星"。民众迅速进入了娱乐至上的时代，各种选秀节目、真人秀节目层出不穷。

草根明星的爆红是网络民意和观众投票的结果，也是广大观众心声的反映。从心理学角度来说，草根明星走红，"火"的是民心和同感，在某一方面引起了弱势群体的共鸣。在竞争压力、生活压力日益增大的今天，有80%的人认为自己属于弱势群体。而这些草根明星生活在社会的底层，可以说是弱势群体的代表，他们的声音更能反映普通人的心声。

另一方面，草根明星圆梦也让民众从这些明星身上看到了自己的影子，因为每个人都有梦想，看到这些"草根"成功，就仿佛是自己的价值也实现了一般。这两方面的原因决定了民众会如此追捧草根明星。

随着互联网的普及，越来越多的人投入其中，中国的网民数量呈直线上升的趋势。在今天，大批视频网站、交友平台层出不穷，各色人等聚集其中，一时间，"网络红人"如雨后春笋般出现。可以说，视频网站交友平台在短时间内造就了众多的草根明星。现如今，网红市场经济已经超过了千亿，而且还有继续增长的趋势。可以说，在互联网高度发达的今天，通过网络平台获取财富要比以往任何时候都简单。

颜值派、实力派、个性派是当下网红最普遍的三种类型。以新浪微博为例，这里是各类网络红人聚集的地方。在这里，既有靠长相圈粉获取利益的颜值派，也以内容取胜的实力派，还有靠个性博取眼球的个性派。

其实，不管是哪一类网络红人，都离不开社交媒体，社交媒体是网络红人和粉丝们互动的平台，也是他们掘金的平台。常见的网络红人活跃平台有四类，它们是社交平台、社区论坛、视频网站、社区电商。新浪微博因其庞大的用户群，成为各类网红的聚集地。

在自媒体崛起的2015年，诞生了许多新一代网红，如靠嬉笑怒骂、特立独行的文字吸纳了百万粉丝的咪蒙，靠秒拍成名的短

视频女王Papi酱。同样，活跃在秒拍上的艾克里里、穆雅斓等草根红人的内容流量也十分可观。

随着网络红人的崛起，与其相关的产业链也应运而生，比如网红经纪公司、供应链提供商以及最终的电商变现平台等等。走红的网络红人也开始通过各种手段牟利。

比如网红开的淘宝店，他们的粉丝频频光顾，有的网红淘宝店的收入甚至超过了一线明星；还有广告推送，一些知名网络红人的广告报价甚至达到了数十万。网络红人的掘金能力就是如此简单粗暴，却非常简约快捷有效，引得资本市场也开始搭车"网红经济"。

其实，网红经济归根到底也是一种粉丝经济，契合了消费用户的个性化心理。当然，并不是所有涉足网络平台的都能成为网络红人，因为粉丝也有自己的需求。如果不能彰显出自己的与众不同（并非没有格调），所谓的"网络红人"只能昙花一现。

直播软件赚收益，怎么做别人才爱看

有人说2016年是VR[①]、人工智能、网络直播等多个新兴领域蓬勃兴起的一年。不过VR在刚刚起步就遭遇资本危机，人工智能也只有阿尔法狗站在了顶峰，真正称得上蓬勃兴起的只有网络直播。

之所以说网络直播真正兴起，是因为在这一年除了涌现出大量的直播平台，还有就是大量资本开始涌入这一行业。众多直播平台的融资额都达到了亿元级别，其中斗鱼C轮融资额更是高达15亿元。不过众多新进入的平台还只是处于烧钱阶段，其盈利还无法和那些老牌平台相提并论。其中，欢聚时代、陌陌、天鸽互动这三家直播业上市公司，不仅继续掌控着大量的主播和流量，而且还赚得盆满钵满。

① VR，即虚拟现实技术，它是一种可以创建和体验虚拟世界的计算机仿真系统，它利用计算机生成一种模拟环境，是一种多源信息融合的交互式的三维动态视景和实体行为的系统仿真，能使用户沉浸到该环境中。

这三家直播平台有着非常巨大的影响力，2017年初，陌陌举办了"陌陌直播17惊喜夜"盛典，在这次盛典上，有李宇春、李冰冰、汪涵、柳岩、邓紫棋、阿雅、任家萱等大牌明星助阵，不过此次的主角并不是这些大牌明星，而是陌陌上的主播们，大牌明星反而成了绿叶。

在盛典上，陌陌官方透露，自2016年推出直播业务以来，直播已经成了陌陌的重要收入来源。从陌陌提供的数据来看，2016年，陌陌旗下排名前十的主播共创造了近1.15亿元的收入，足以和一家A股上市公司的年收入相比。

另外，在这一年，欢聚时代也举办了"YY直播新锐影响力"盛典，此次活动更是充满了正能量，其中"新京报——重走天梯上学路""腾讯新闻——一个人的车站"等直播事件被授予"最具责任感直播事件""最具内容创新直播事件"等奖项。1亿元天价签约虎牙直播的MISS、2016年度最火女主播Papi酱等，也分别获得"最具商业价值游戏主播""年度最强直播首秀"等奖项。

当然，并不是所有的主播也并不是所有的直播平台都这么风光，大多数的主播和直播平台并没有多少收入和利润，甚至有的直播平台还在亏本经营。而一些主播和直播平台为了抢流量、拉粉丝，不惜直播一些大尺度的内容，这样的直播内容虽然一时吸引了大量的观众，但是毕竟不能长久，因为这些糟粕的内容不仅会被观众自发摒弃，也会被监管部门严查。

今天，直播行业的竞争也是愈演愈烈，加上欢聚时代、陌陌、天鸽互动三大巨头已经覆盖了一二三四线城市，新进入的直播平台要想生存下去并不容易。天鸽互动CEO傅政军在接受采访时指出，直播行业其实是一个比较窄众的市场，平台的运行需要一个稳定、良性的商业模式，单靠烧钱只能带来一时的效果，从长远来看并没有效果。还有就是要有毅力，要把直播真正当作事业来做。当然，由于直播受众群体巨大，直播行业的市场潜力还是非常巨大的。只要选择的内容得当，未必不能从三大巨头那里分一杯羹。当然，直播的内容必须满足观众的需求，这是根本，也是直播行业的生存所在。

目前，大量的直播平台开始和娱乐明星进行合作，希望通过明星来提高直播平台的知名度，以期吸引更多的观众。事实证明，这样的合作让娱乐明星和直播平台实现了双赢。

比如映客曾和刘涛合作，刘涛在映客上直播了《欢乐颂》的发布会现场，还演唱了自己的新曲《说不出口》，直播过程中她时不时将同组演员王凯、蒋欣拉入互动，还大谈牙齿美白和穿衣经。尽管直播时间不长，却一度导致网络平台瘫痪，创下了同时

在线人数17万、总收看人数71万的新纪录。

刘烨也曾带着一家人走上直播平台,在50分钟的互动时间里,刘烨的两个孩子表演了美术、音乐、武术,还和视频前的观众进行了众多互动。虽然直播的时间并不长,却创造了惊人的2300万人围观。还有姚晨直播做饭,韩雪直播教英语,《极限挑战》节目组还让黄渤等一众明星在节目中匿名进行直播,但是网友的传播力量是巨大的,短时间内让这些明星的观众就达到了数万。

明星们之所以有如此大的号召力,是因为他们通过直播平台公开了活动和个人生活,让观众和他们有了近距离的交流、对话,这样就迅速缩短了双方的距离。如此一来,明星收获了大量粉丝,而且还有客观的收入,而直播平台也找到了自己想要的流量。

除了明星,热门事件同样具有极大的感召力。如果是明星+热门事件,其影响力将会翻倍。

以2016年6月为例,那个月最受瞩目的就是王石了,万科风波一度将王石推向风口浪尖,成为各大媒体的头条新闻。而且股东控诉管理层偷盗国家资产在国内也是极少见的。6月26日下午，万科召开股东大会，王石率管理层回应各大股东提问。

这原本是万科内部的事务，也可以说是比较私密的事务，虽然外界对此表示了极大的关注，万科也可以低调处理，但是他们选择了在国内最大的直播平台——斗鱼虎投财经频道进行直播。消息一出，瞬间引爆了直播平台，直播还没有开始，就有十几万观众进入，直播开始之后，同时在线人数超过了60万，这次直播的影响力不可谓不大。

当然，不管是明星效应，还是热门事件效应，直播软件要想拉到更多的流量，必须以受众为目标，直播契合受众需求的内容，这不仅是主播，也是直播平台必须遵守的原则。另外，直播平台要想常青，还需打造自己的品牌，因为品牌效应才是最持久的招牌。

细分：用"小而美"的服务撬动大市场

"小而美"这个词由谁提出已无从考证，2009年APEC峰会上，马云那篇题为《未来世界，因小而美》的演讲，提出了"小而美"的观点。以当时的世界经济形势来说，金融危机对大企业来说确实是一场灾难，但是对广大的小企业来说是一个机会。

2012年之后，"小而美"已经开始取代C2B、交易量等，成为阿里巴巴官方网站上出现频率最高的一个词，甚至有阿里高层宣布，"我们已经进入到了一个'小而美'的时代"。

不管是马云的那场演讲，还是阿里高层宣言，都揭示了未来的商业将会以一个什么样的模式呈现出来：消费者的要求越来越多，也越来越挑剔，只有不断满足消费者个性化的需求，让产品更加精细化，让服务更加多样性，才能进一步增强客户黏性，而企业要做的就是"小而美"。

在个性化的今天，也是"全民创新，万众创业"的时代，在"大而全"品牌林立的世界里，"小而美"似乎并没有什么生存空间。其实不然，越来越多的小众创业者们开始选择这种"小而美"的商业模式。从消费者的角度来看，"小而美"的产品和服务往往更能引起他们的共鸣。

"舌尖上的土特产，只卖山里人的东西"是赵海伶对海伶山珍店的定位。她原本是一个想从青川走进大城市的姑娘，可是2008年的那场地震，让她和父母整整失去联系七天。七天之后，回到青川的赵海伶发誓，以后不管发生什么，都要留在青川和父母在一起。

2009年，大学毕业的赵海伶回到了家乡，恰逢网络公司阿里巴巴在当地帮扶，希望通过网络把青川土特产销售出去，以提升当地自我造血功能。年轻的赵海伶决定做这件事。

考虑到随着信息的发达以及消费者对食品安全越来越重视，赵海伶认为青川的山货应该会成为不错的消费时尚。当时，在淘宝网和其他网站上售卖农产品的网店不在少数，如何才能让自己的网店在众多同类型网店中脱颖而出，赵海伶进行了认真分析。海伶山珍店已经对土特产进行了精准的细分：食品中的土特产，土特产中的青川野生土特产。

对于消费者而言，他们并不满足于店铺的宣传口号，他们希

望更直观地了解到自己购买到的产品是不是真正的山货。赵海伶抓住了消费者这一心理诉求，在每次进山收货的时候，赵海伶都会用相机记录下整个过程，并将取货经历发布出来，让消费者如实了解到自己购买的货物的来源。

同时，在网店的首页上，赵海伶也晒出了货物的详细信息，包括取货的经历和照片，这些无疑给顾客吃了一颗定心丸。凭着精准的定位、优质的服务、货真价实的商品，赵海伶的网店迅速有了一大批忠实的顾客。

不管是网上还是实体店，土特产行业的竞争也是越来越激烈，为了避免同质化竞争，也避免打价格战，赵海伶给自己的商铺注册了商标，并且对售卖出去的货物进行统一包装。她还在自己的店铺中公开了食品流通许可证、产品生产许可证等，这些无疑让顾客更加相信她。

大路虽宽，但是走的人也多，竞争也更加激烈，走到最后取得胜利的毕竟只是少数，大多数人都会被淘汰。小路虽窄，而且看上去也比较崎岖，但是走的人少，竞争也少，只要肯攀登，依然可以登上山顶。

"小而美"无疑是一条窄路，这条路虽然窄，但是可以让众多小众创业者们获得成功，赢得财富。其实只要创业者视角独到，能够挖掘到消费者身上的差异化需求，并结合自身的优势，一样可以打造出优质的产品和服务，并赢得属于自己的客户群。

和"大而全"不同，"小而美"是在很小的细分市场内把业务做到极致。因为更小，意味着更专业，反应更迅速，定位更精确，服务更细致、更有耐心……很多小众创业公司立足"小而美"，凭借着精准的市场定位和品牌定位，成功打造出属于自己个性化的品牌风格，创造出一个个令人意想不到的小奇迹。

荣大快印是位于北京西直门南小街的金灿酒店内的一家打印店，与街边随处可见的打印店不同，这家打印店专门帮想要上市的公司打印申报材料。这家打印店的面积并不是特别大，却垄断了全国90%的上市申报材料打印市场。对此，有人戏称荣大快印是"离上市最近的打印店"。

仔细分析不难发现，荣大快印之所以能在这个行业称霸，是因为他们把这项事业做到了极致。要知道，一份上市申报材料有上千页，不同的文件有不同的页码，编辑成新的文件又要有新的页码。如果材料当中出现了疏漏、错误，就要推倒重来。但是这些工作荣大快印的员工可以帮助申报人完成，完全不用他再跑一趟。

所以，"小而美"不是说市场小或者产品小，而是对市场进行更加精细的划分。市场的细分可以根据消费者的年龄、身份、爱好、地域、文化传统等来分类。当然，细分市场并不意味着市场缩小，因为细分之后，产品和服务可以更精确地找到消费者，实现精准营销。如此一来，消费者的需求被满足了，必定会进行第二次购买，甚至会帮助宣传。

对创业者来说，只要肯用心，就能以小见大、以小搏大，收获别样商机。年轻人要静下心来，将事情做到极致，成为细分市场中的掘金者。

夹缝中也能求生存

商业巨头们不能吞下整个市场，市场上总有一些被商业巨头忽略的部分。每个行业几乎都有些小企业，它们专心关注市场上被大企业忽略的某些细小部分，在这些小市场上通过专业化经营来获取最大限度的收益，也就是在大企业的夹缝中求得生存和发展。这种商业策略在经济学上被称为利基者战略①。

其实，小公司都不愿意和大公司竞争，因而它们会选择那些被大公司忽略了的市场来作为目标。虽然这些市场的份额比较小，但是一样可以通过市场利基来获取高额利润。

"利基"是英文单词"Niche"的音译，原意是"壁龛"的意思，有拾遗补阙或见缝插针的意思。经济学教授科特勒给利基的解释为：更狭窄的目标群体，这是一个狭小的市场并且没有被

---

① 利基者战略，是指企业为了避免在市场上与强大的竞争对手正面冲突而受其攻击，选取被大企业忽略的、需求尚未得到满足、力量薄弱的、有利益基础的小市场作为其目标市场的营销战略。

服务好，也可以说是获取利益的基础。罗素·西蒙斯通过嘻哈文化打造的商业王国，就是利基战略的一个典型案例。

西蒙斯曾是美国著名的嘻哈饶舌歌手，凭借自己在嘻哈圈子里的影响力，他以嘻哈文化为起点，在几年时间内就建立起了包括电信、时装、媒体、金融在内的商业帝国。可以说是创造了利基营销的神话。

嘻哈文化是一种融合了饶舌说唱、街舞、涂鸦以及黑人服饰在内的文化形式。最初，嘻哈是被当作黑人帮派和街头流氓热衷的不入流的草根文化，只是在少数黑人青年中流行。但是20世纪80年代末，嘻哈文化开始走出贫民窟，被越来越多的青少年接受。

西蒙斯也就是在这个时期成为嘻哈明星的。当然，西蒙斯最厉害的还不是他的饶舌说唱，而是他在很早的时候就注意到了嘻哈文化背后巨大的商业价值。

1992年，西蒙斯推出了用自己的昵称命名的服装品牌——Phat Farm。由于西蒙斯在嘻哈圈有一定的影响力，所以他的Phat Farm很快就打开了市场。当然，这一切都是因为西蒙斯眼光独到，他非常清楚自己的目标客户群体是那些喜欢嘻哈文化的年轻人。

可以说，他在寻找目标市场上非常有天赋。他选择的目标市场非常有针对性，虽然很狭小，但是非常明确。另外，这是西蒙斯非常熟悉的领域，这对西蒙斯来说可谓驾轻就熟。他知道如何利用嘻哈文化打动那些青少年，同时他也知道如何通过公司的活动来推广嘻哈文化。

西蒙斯选择的这块利基市场谁也没有想到会发展到如此庞大，甚至许多经济学家在西蒙斯取得成功之后，发出了由衷的赞叹。后来，西蒙斯又以嘻哈文化为中心，创办了一家唱片公司，与众多知名的说唱歌手签约。随后，他又建立了以自己名字命名的Rush基金，专门资助那些尚未成名的说唱艺术家和街头涂鸦艺术家，以推广嘻哈文化的发展。

接着，西蒙斯又涉足金融行业，推出了Rush维萨卡和Baby Phat Rush维萨卡，面市第一年，发行量就超过了10万张；随后，西蒙斯又涉足饮品行业，他推出的碳酸饮料深受美国青少年的喜爱，他称这是最酷的饮料；西蒙斯的公司还出版了*One World*杂志，发行量也非常可观。

嘻哈文化以及罗素·西蒙斯的影响如此深远、广泛，以至于包括哈佛和麻省理工学院在内的20多所知名学校开设了专门研究西蒙斯和嘻哈文化的课程。

今天，嘻哈文化已经走出美国，影响了全世界。谁都没有想

到，西蒙斯将贫民窟走出来的饶舌说唱和街头涂鸦做成了一个巨大的商业帝国。

在常人看来，利基市场显得狭小而且没有活力，不像大众市场，有着巨大的消费需求在支撑，表现得非常红火，而且也非常广大。狭小的市场虽然没有蔚为大观的气候，但是这个被商业巨头们忽略的所在却恰恰成了中小创业者们生存的天堂。

在互联网高度发达的今天，人们的购物渠道越来越丰富，消费观念也正在向"小而精"转变。能够提供个性小众的产品和服务，既可以满足人们的消费需求，也是新形势下市场发展的必然趋势。小众产品可以更高效地分配市场资源，同时也是小众创业者生存的最佳选择。

虽然当今社会商业巨头瓜分了大部分的市场，使得市场资源高度集中，但是高度发达的网络时代也为小众创业者们提供了生存空间，带来数不胜数的机遇。只要找对风口，避免与商业巨头正面交锋，从小众需求切入，就能在夹缝中建立一片属于自己的天地。

但是，生存不是小众创业者的最终目标，小众还需要发展壮大。这就需要在拥有了一定规模的拥趸后，深度挖掘做产品衍生，逐步完善自己的商业模式。

第五章
内容营销：生活是个大 IP，它能给你想要的一切

"艺术来源于生活，也高于生活"，这个道理放在内容营销上同样适用。这是一个内容为王的时代，唯有遵从生活的逻辑、需要，并从中找到灵感，才能拥抱财富机会。

Facebook：有趣比赚钱更重要

在获取财富的道路上，拥有梦想的人能走得更远。把产品和服务当作一种有趣的事情，并投入持久的热情和努力，自然容易因为专注变得更加专业，从而迈向卓越。对此，马云说："年轻人都有激情，但是年轻人的激情来得快去得更快，持续不断的激情才是真正值钱的激情。"

伟大的创业者之所以敢于迎战各种困难，走出低谷和困境，不只是为了获取财富，还在于他们在做有意义、感兴趣的事情。为了梦想而奋斗，实现心中所愿，即便经历再多困苦也值得。最重要的是，生活赋予他们热情与力量，只要有影响和改变世界的进步就足以令人心满意足。

对马克·扎克伯格来说，Facebook就犹如他的生命，一旦失去，自己也就没有了存在的价值。在参加 Y Combinator创业论坛大会时，他说："你得做自己热爱的东西。只有人们真正关心的企业，拥有世界性的远景，它才能运营下去。"扎克伯格是这么说的，也是这样做的。

　　早年在哈佛大学创办Facebook之初，扎克伯格就倾注了巨大的热情。身为一名普通的学生，纵然有天才的构想，如果缺少资金支持，也会无计可施。Facebook虽然问世了，但是它能够生存多长时间，扎克伯格心里没有底。但是他始终坚持自己的梦想，不曾想过放弃。

　　从创业中感受到了乐趣，扎克伯格不断完善和改进Facebook，短短几个月的时间，网站就面向34所学校开放，并且拥有了约10万用户。不久，Napster联席创始人肖恩·帕克找到了扎克伯格，Facebook迎来了转机。后来在硅谷融资家彼得·塞尔的帮助下，扎克伯格用50万美元的资金打开了Facebook的成长之路。

　　2004年6月，Facebook的业务经理萨维林接洽了一家名为Y2M的公司。这家公司看到Facebook的巨大潜力，想投入巨额资金。但是，扎克伯格不为所动。扎克伯格视Facebook如生命，对公司的未来早有远景规划。显然，Facebook不只是一个产品，而是汇聚了扎克伯格的全部热情和心力。他想借助Facebook让世界成为更加开放的空间，这个伟大的构想才是最激动人心的。

　　随后，Facebook就像扎克伯格亲手带大的孩子，开始茁壮成长。嗅觉灵敏的资本都开始张望这个神奇的社交网站，这也

为Facebook带来了一轮收购热。但是，扎克伯格拒绝了一次高过一次的收购建议。当时，雅虎前首席运营官丹·罗森维格就不止一次地明确表示，如果扎克伯格有兴趣，雅虎会和他讨论一下并购。然而，扎克伯格对此毫无兴致，他感兴趣的是Facebook的未来以及对世界的影响力。

在拒绝高价收购的同时，扎克伯格开始酝酿另一项巨大的改变——Facebook将对所有人开放，每个人都可以加入这个社区。它将不再只限于大学校园、高中或职场网络市场。这将是一个立体式的转变，Facebook将为所有人服务，吸引学生群体之外的更广阔的用户。

当时，很多人对此提出了质疑，但是扎克伯格始终坚持自己的想法——Facebook需要走出大学，成为一个面向所有人的社交网站。对扎克伯格来说，问题不在于钱，Facebook是他的生命，他想管理它，想让它继续成长。

工作中，扎克伯格的时间是用来想如何建造Facebook，而不是想如何离场。相比其他人，他认为能够把这个网站做得更有意思。管理这个网站让人感觉很爽。经营Facebook，有趣比赚钱更重要。

美国苹果公司创始人史蒂夫·乔布斯说："成就一番伟业的

唯一途径就是热爱自己的事业。"热情能够改变个人的事业状态，进而改变他的人生。这句话在马克·扎克伯格身上得到了验证。

在获取财富的道路上，努力为客户提供有价值的产品和服务，是制胜的关键。如果仅仅为了赚钱而赚钱，不但工作中毫无趣味，而且容易失去正确的行动方向，在发展之路上出现偏差。无论从事什么工作，或执行某一项目，一定要发现其中的乐趣，这是超越金钱之上的东西，也是我们取得更大成就的原动力。

1. 以独特创意满足消费者的需求

占士·卡夫（James L.Kraft）公司在美国芝加哥最初成立时，只是从事干酪批发业务。今天，它在全球68个国家拥有超过98000名员工，6个全球研发中心，是美国最大的食品和饮料企业。多年来，卡夫始终坚持这样一个理念：以独特创意满足消费者需求。

趣多多曲奇、鬼脸嘟嘟饼干、太平苏打、乐之薄片咸饼干、奥利奥夹心饼干、卡夫芝士粉……由于坚持以独特创意满足消费者的需求，并提供质量好的产品，卡夫公司才持续获得了市场的认可，得到了消费者的青睐。

2. 只有偏执狂才能生存

英特尔公司创始人，前董事长和首席执行官安迪·格鲁夫说："我笃信'只有偏执狂才能生存'这句格言。"其实，很多经

营者半途而废或者遭遇失败，就是因为对从事的行业缺乏热情与信心，无法坚持到最后。

商场风云变幻，各种问题随时出现，唯有对从事的项目真正热爱，才能经得起挫折，受得住打击。万分热爱自己的事业，执着于既定的目标，更容易感受到创业的乐趣，并有所作为。

爱写作的人，在自媒体时代找到了人生

从印刷技术诞生的那一刻，人类文明又向前迈进了一大步。然而，此后在很长的时间内，写作并不是普通人的专利，需要专业的知识，花费更大的功夫，才能完成这项繁重的工作。今天，网络技术不但连接了世界，也改变了一切。在网络上写作，表达个人主张，甚至获取财富，已经变成现实。

从微博到微信公众号，自媒体时代已经来临。今天，新媒体发展迅猛，许多人早早地加入其中，在微信公众号从事创作，并获得了相应的酬劳。可靠的物质保障让写作者激情高涨，进一步推动了书写事业的发展。这种情形不仅在国内兴起，在国外也有人从事博客写作赚钱，改变了自己的命运。

尼日利亚是一个位于西非东南部的国家，在非洲几内亚湾西岸的顶点。世人很少关注这里，但是充满朝气与活力的年轻人无论身在何处，都能拥抱网络时代的潮流，创造出令人惊艳的奇迹。

　　巴米德莱·奥尼巴鲁斯是一名来自尼日利亚的年轻创业者。他的父亲在他7岁的时候就去世了，此后母亲独自承担起抚养7个孩子的重担。在很长一段时间里，他只能和兄弟姐妹待在家里，看着窗外其他孩子在放学后相约到处玩耍。在整个青春期，巴米德莱·奥尼巴鲁斯每天都对未来充满忧虑，既渴望母亲不再做那些繁重的手工活儿，又希望自己过上优越的生活。

　　2009年，巴米德莱·奥尼巴鲁斯第一次听说"互联网"这个东西，它能够带来无穷的机会。但是，这穷小子根本没机会接触到这个新鲜事物。在学校里，电脑总是摆在一扇玻璃窗的后面，看上去很神秘，似乎不是常人能够操作的。的确，看到电脑上那么多字符和按键，估计就会吓退一大批人。

　　人们都讨论着如何用电脑致富，巴米德莱·奥尼巴鲁斯也意识到这个神秘的工具是迈向富足生活的通行证。"我必须学会用电脑"这个念头在他脑海中闪过，就再也没有消失。此后，巴米德莱·奥尼巴鲁斯在学校经常偷偷观察别人如何操作电脑，找到机会就敲击键盘。

　　显然，如果想用电脑赚钱，必须投入更多的时间学习电脑。买一台电脑，成了这个年轻人最迫切的需要。然而，家庭经济状况窘迫，说服母亲拿出一大笔钱买电脑并不容易。巴米德莱·奥尼巴鲁斯向朋友征求意见，得到的是一番冷嘲热讽，后来他向牧师求助。

牧师正好懂电脑，于是就向巴米德莱·奥尼巴鲁斯的母亲游说，投资买电脑是一笔划算的买卖，可以带来无穷的收益。巴米德莱·奥尼巴鲁斯也向母亲保证，这个神奇的工具能够挣钱，以后家里不用再为钱发愁了。母亲最终动心了，当电脑被带回家时，巴米德莱·奥尼巴鲁斯别提有多兴奋了。

此后，巴米德莱·奥尼巴鲁斯夜以继日地练习用双手打字，并努力搞懂电脑上的图标和按键。随后，又认真学习电脑操作技术以及软件。这个年轻人没有让他的母亲失望，他很快就学会了打字，能够把数字和字母输入电脑从而记录事物，这是多么令人兴奋的事情啊！不久，一个教友提供了一份信息录入的工作，这台电脑开始赚钱养家了。

当然，巴米德莱·奥尼巴鲁斯并不满足于此，他开始探索互联网，仔细研究如何利用网络赚钱。通过帮人录入信息，他用第一份收入注册了一个域名，并开通了自己的第一个网站。巴米德莱·奥尼巴鲁斯尝试着在网上卖东西，但是很少有人光顾自己的网页，最后只好作罢。

一个偶然的机会，巴米德莱·奥尼巴鲁斯读到了励志演讲家史蒂夫·帕夫里纳的文章——《如何通过你的博客赚钱》。于是，他决定大胆一试。"给别人提供有价值的东西，不求回报，由此积累一定的读者群，然后这些读者就可以帮助你实现自己的商

业目标。"遵循史蒂夫·帕夫里纳的教诲，巴米德莱·奥尼巴鲁斯开始行动起来。

起初，巴米德莱·奥尼巴鲁斯写一些关于小公司、创业、社交媒体的博客文章，并坚持不断更新。一年后，他收到一封邮件，受邀为一家网站撰稿。虽然收入没有预期那么高，但是毕竟正式开启了写作赚钱的模式。

后来，通过寻找大量优质客户，巴米德莱·奥尼巴鲁斯逐渐赚到了更多的钱，而母亲也不再为家里的开支担忧和忙碌了。业务越来越多，他开始招聘助手帮忙，收入有了进一步提高。上大学接受更好的教育，成了巴米德莱·奥尼巴鲁斯新的奋斗目标，因为他有这个能力交学费，开启全新的人生。

对年轻人来说，只要敢想敢干，大胆尝试，就有无限可能。在获取财富，实现个人自由的道路上，没有什么比行动更有说服力。即便是在遥远的非洲，也有不甘命运捉弄的年轻人借助新科技寻找自我发展之路，靠一技之长让家庭生活得到改观。巴米德莱·奥尼巴鲁斯的故事，给了我们很大的启发。

1. 把时间花在自己热爱的事情上

生活充满了无穷无尽的乐趣，也激发人们形成不同的感悟。即便有稳定的工作、衣食无忧，你也可以在写作上投入时间和精力，做自己热爱的事情。做一个平凡却不平庸的人，生命才有意义。发现生活的美好、无奈，寻找生活的智慧，并把这种感悟和经验带给更多的人，这件事本身就很了不起。

在我们身边，许多年轻人都有作家梦，网络技术的进步让他们离这个梦想更近了。不屈服于自己的平凡，明知不可为而为之，最后那些默默付出的人终于有了收获。让生活成为自己希望的样子，顺便实现个人财务自由，这可以说就是人生的美好。

2. 坚持以自媒体为载体的生活化写作

在自媒体时代，写作必须坚持生活化原则，才能令读者感同身受，赢得更多粉丝的认同。为此，从生活中挖掘写作素材，而后在感悟的基础上进行文字表达，要注重关照当下，紧贴读者的生活。

首先，设计合理的语境，精心布置写作任务。具体来说，要善于抓住生活中的关键事件，选择独特的视角进行剖析，让读者完成价值认同。其次，集中训练表达文字技能，让文章出彩。在写作中形成不同的文风，照顾读者的口味偏好以及当下的阅读趋势，能吸引更多读者关注你的文章。

当然，写作是一项艺无止境的工作。面对自媒体写作，尤其需要秉承认真学习的态度，进行创意性设计，提升文章的精彩度与影响力。

小众营销：把《小时代》变成大生意

在商业世界的各个领域中，颠覆式的分裂与解体正在悄然发生。你永远不知道下一刻会发生什么新趋势。一方面供给趋向无限可能，另一方面消费者的各类原始需求几乎都能得到满足，于是需求与供给细分化进一步加强。当"一对一营销"真正变为现实，"小众营销"开始崛起。

定位理论之父艾·里斯说过："很多公司越把自己聚焦在大众，得到的往往是小众，而把自己聚焦在小众的公司，最后耕耘出来的却是大众。"这提醒我们，只要做好小众营销，产生连带效应，也能扩大受众范围，获取更大的商业价值。

2014年，郭敬明导演的《小时代3：刺金时代》上映，首日票房高达750万，创造了国产影片首映最佳历史纪录。实际上，在上映前商家就在微博发起了预售活动，并成功卖出了4万张票，刷新了国内社交平台预售新纪录。

　　《小时代》是典型的IP电影，作家郭敬明创作了《小时代》系列图书，在年轻人群中有大批读者。由此不难理解，小时代系列电影的成功秘诀是拥有特定的目标用户群，只要抓住这些群体进行小众营销，就能取得令人满意的效果。

　　对此，乐视影业CEO张昭有过一段中肯的解读，他说："电影《小时代》是一部定位为15～25岁年轻人看的影片，电影的所有营销推广，乃至发行，都是围绕他们来做的。"

　　在百花齐放的时代，全国一盘棋的模式已经行不通了，什么都想做的结果是，最后什么都做不好。产品定位也是这个道理，如果把文艺、商业都考虑到了，既考虑少男少女，也照顾中年人，最后就会顾此失彼。因此，《小时代》将目标群体锁定在了互联网"原住民""90后"身上，并打出为他们量身定制的口号。

　　导演郭敬明确实抓住了"90后"的内心需求和原始欲望，在电影制作上获得了巨大成功。在传播策略上，《小时代》也瞄准年轻人。比如，在新浪微博上推出"时代宣言"活动，让普通人敢于表达自我，发表个性十足的宣言，这种石破天惊的套路立刻引爆了微博话题。在很短的时间内，"时代宣言"的微博话题高达140多万条，成为网民热议的话题。

　　精准定位，是成功营销的关键。电影《小时代》瞄准"90后"这个年轻群体，通过巧妙的营销推广引爆了话题，从而吸

引更多的人关注影片。这种以点带面的策略确实高明。统计数据显示,《小时代》的9万多位微博原发作者有八成以上是女性观众,她们既是活跃的微博用户,也是《小时代》票房的主要贡献者。在营销团队的引导下,她们积极参与《小时代》的影评、分享、传播甚至争论,促成了影片的持续火爆。

"小众营销"在今天成为可能,并爆发出强大的力量,与"有闲阶级"的大量产生密不可分。社会心理学教授巴里·施瓦茨提出,在物质高度发达的社会中,消费者面临更多的选择机会,于是功能消费演化为价值观消费,大众开始主动参与生产,提出建设性意见。

此外,"小众营销"的产生还与"长尾效应①"有关。在互联网时代,"长尾效应"让厂家摆脱了货架供给瓶颈,小众需求由此聚合,从而产生供给与交易的可能。随着移动互联网技术的快速发展,人与人之间实现了真正的链接,于是碎片

---

① 长尾效应,英文名称 Long Tail Effect。"头"(head)和"尾"(tail)是两个统计学名词。正态曲线中间的突起部分叫"头",两边相对平缓的部分叫"尾"。通常,大多数的需求会集中在头部,而分布在尾部的需求是个性化的、零散的、小量的需求。这部分差异化的、少量的需求会在需求曲线上面形成一条长长的"尾巴",而所谓长尾效应就在于它的数量上,将所有非流行的市场累加起来就会形成一个比流行市场还大的市场。

化的消费者行为、角色被打通，大家聚合到一起，爆发出不可忽视的商业能量。

1. 精准地定位用户群，完成聚焦

顾名思义，做小众营销就要专注于小众。因此，小众营销的第一步是聚焦，精准地定位用户群，成功地把目标用户聚集到一起，这是最基础的工作。显然，只有准确定位，才能精准发力，迅速在市场上占据一席之地。"小众"虽然数量不大，但是"小众"很专注，因此影响力不可小觑。做好小众营销工作，应该注重小众的质量，提升营销的成功率。

2. 对用户需求进行深潜，形成口碑效应

锁定用户群以后，最重要的工作是与目标用户进行直接对话，提升他们的体验感和认同度，依靠用户口碑的积累来达到滚动传播的目的。这实际上是对用户需求进行深潜。无限贴近用户，了解他们的感受和想法，能有效增强营销活动的成功率，并通过引导用户参与扩大企业的边界，拓展新的客户群体。对用户需求进行深潜，让小众产品真正满足目标用户的需求，让用户产生价值观的共鸣，那么成功就在眼前。

3. 用想象力打开新的市场空间

实施小众营销战略，仅仅做到"聚焦"和"深潜"是不够的。在移动互联网时代，经营者关键要有"想象力"。所谓"想

象力"，就是在深潜的垂直思维下，以水平思维来进行补充，增加营销的创造力。通过想象力打开新的市场空间，引起新的市场连锁反应，经营者才能获得更大的收益。

直播销售：好产品就在你身边

随着新科技的日新月异，功能总在不断被超越，服务也被越来越多的人模仿，但平台是很难打造的，平台一旦打造成功，就是一片难以撼动的基业。

对大部分创业者而言，以平台赚钱并不是一件容易的事，除了需要超准的战略眼光，还需要有面对各种困难和质疑的勇气。现在的商场虽然一直在强调互联网思维，也在说互联网思维要革所有传统产业的命，但实际上，这根本不可能，真正的互联网平台，是可以让传统的制造业发展得更好。事实上，互联网也正在通过自己的影响改变着传统行业的销售模式。

互联网企业所具有的开放性、创新性、高效率是多数传统行业所不具备的，所以互联网需要具备开放的平台，让传统行业能在这些开放的平台中完成升级，从而让双方都获取更多的利润。当然，前提是要操作得当，北汽能源就通过一场直播给各个传统行业上了生动的一课。

2017年，北汽新能源完成了一个很有趣的试验。他们以直播平台为纽带，整合了跨界合作、精准营销、O2O及社群互动等方法，短时间内招募了30多位试驾车主，最后成功卖出了2台新能源汽车。

当时，项目执行团队以两个4S店为中心，圈定了6个社区。活动首先在社区宣传栏投放了宣传物料，然后群发短信，覆盖社区人群。接着，通过楼长把相关信息转发到业主群。这样做确保信息传递到受众那里，结果后期在社区开展线下活动时收获了人气。

在半个月的时间里，活动专题的独立访客达到了31170人，6个社区中筛选出来有效用户858名，有新能源购车指标的占了11.7%。其中，招募到30位试驾车主，60位同行试驾者，这是第一轮种子用户。

第二轮互动发生在客户试驾过程中，共进行了5场试驾直播。从上车开始计时，试驾者通过联华盛世的一键直播平台，向更多用户发布试驾体验和感受。这种方式达到了良好的营销效果，因为购车人的体验、感受完全超越了公关文案的感染力。在内容生产上，这无疑是一个大胆的创新。

北汽发起的活动，和以往的销售方法是完全不同的，利用了新型的传播渠道。这个小小的试验对销售有什么促进作用，还待市场检验。但是这一做法确实是对传统互联网销售模式的一场革新，是对品牌管理模式的一种新的开创。

移动互联网时代，品牌的塑造方式已经改变，不再是往常那样在街上发发传单，做做活动就可以了。今天，宣传模式正在从以企业为中心转向以用户为中心，开始站在受众角度预演传播场景；互联网平台也正在取代传统的传播渠道，让品牌形象更加快速地渗透到用户的心中。

直播平台的出现让用户能够适时地了解企业的现场活动，平台上也有效留存了相关访客的信息，包括了使用感受、购买意向、试驾竞品、活动评价等方面的反馈，为接下来的营销提供了更多的素材和依据。传统企业通过互联网渠道得到了相关视频和数据、文字材料，还为二次传播提供了素材。4S店的销售人员就此展开后续服务，在试驾客户下单提车后，试验完成了闭环。

在转型互联网的过程中，传统企业可以在现有的平台上专注做好内容，吸引用户的注意力。显然，布局移动互联网首先不是做一个APP，而是先琢磨一下怎么利用好微信等平台。实际上，做了APP不一定意味着你已经进入了移动互联网，因为在现阶段许多传统企业根本没有多少机会与用户互动。

传统企业与互联网企业的跨界合作也是一种可供选择的解决方案，通过这一方式可以充分地利用用户、营销资源，同时学习和借鉴互联网企业的产品研发、组织架构、营销管理，从而有效提升传统企业的效率。

互联网平台的开放模式给企业和用户带来了全新的体验，它可以让企业与用户面对面地交流，让产品研发更加贴近用户，从而实现快速迭代，优化产品功能。不过，产品的创新与优化不能急于一时，需要经营者下功夫，建立自己的营销优势，找到自己的赚钱之道。

"90后"的年轻人在创业时，一定要懂得借势。不要总想着建立一个自己的官方网络商城，在你的商品还不够强势时，可以适当地借用现有的平台来发展自己的平台。利用当前发展成熟的各类电商，对刚接触网络的创业者来说是一个很好的选择。

设计话题：引领趋势，引爆流行

话题营销，顾名思义就是借助或者创造一个话题，然后将企业的品牌、产品或服务植入其中，产生一定的市场传播力，最终推动产品、服务或品牌被更多的人关注和感知。

话题营销看似简单，实际上在操作过程中需要很多技巧。如果操作得当，往往能够顺利达成目标，反之会遭遇诟病，甚至带来麻烦。话题营销还要求企业把握一项基本原则，那就是"客户价值或利益至上，社会价值和利益至上"。无论话题如何，关键在于不伤及客户利益，不损害社会价值，辅以正确的策划和执行，从而产生良好的预期效果。

台湾必胜客发布过一个帖子——《教你如何吃垮必胜客》，里面介绍了盛取自助沙拉的好办法。消费者很快就对这个话题产生了极大关注，并展开了广泛的讨论，简直就是一石激起千层浪。一时间，必胜客在品牌宣传上获得了极大成功，其自助沙拉销量大增。

当然，话题营销不等同于新闻炒作。许多人之所以有这样的误解，是因为新闻能够放大传播的价值，很多话题为了产生更好的传播效果可以强化新闻性，结果令人难分伯仲。

2012年美国总统大选，一时间聚集了全世界的目光。当时，必胜客瞄准这一千载难逢的良机，准备进行一场营销互动。他们针对总统选举这一热点，推出了"口味选举"口号，承诺在奥巴马和罗姆尼的第二场辩论中，如果现场观众或者打进电话提问的观众能够问"吃比萨是选意大利辣肠还是香肠"，就能获得终身免费的必胜客比萨。

必胜客不仅发表声明，还制作了视频短片，方便进行话题扩散。顿时，多家媒体掀起了报道的热潮。它成为新闻性有两个要点：第一，向总统候选人提如此无聊的话题；第二，对行为的奖励，终身免费吃比萨。显然，这极大地吸引了民众的注意力。

当时，媒体针对这两个新闻点进行了大量宣传，却忽视了重要的一点。必胜客所谓的终身免费，其实只是30年每周白吃一个比萨。显然，这是必胜客的精明之处。最终，必胜客成为最大的受益者。不可否认，这个话题产生了广泛的效果。很多民众认为，必胜客给这场选举添加了趣味。

也有美国民众认为，这是嘲笑美国的选举制度，有点儿过分。必胜客顺水推舟取消了这次活动，不用兑现某些吃货的承诺了，同时也体现了对美国民众的尊重。

话题营销并不难理解，即借助或者创造一个话题，然后融入企业的品牌、产品或服务，从而产生特定的市场传播力，影响消费者的选择和认知。这需要执行人员在内容上进行创意性设计，既要吸引消费者的目光，也要在内心深处感染他们。

在互联网经济时代，话题代表着流量，而流量代表着影响力。话题越多的东西不一定越好，但知名度一定比没有话题的东西要高。如果一件产品、一个品牌没有一定的话题，那就说明没有用户在意这个品牌的好坏，那产品就不会形成口碑，也就不会产生知名度和影响力。

让一个品牌具有影响力，首先必须增强其话题性，特别是让品牌在那些对产品不离不弃的用户中具有话题性。此外，必要的时候可以通过吐槽的方式来吸引用户的注意力。让用户尽情吐槽，然后根据反馈意见改进自己的产品和服务，可以有效赢得用户的好评。

驾驭互联网经济，并从中获得财富，需要经营者善于利用吐槽和评分吸引消费者。从某种意义上说，谁能培养出一批勤于吐

槽且愿意给你高评分的忠实用户，谁就能在市场竞争中获取关注，从而赢得商机。

现在，越来越多的观众吐槽市场上雷剧盛行，这其实就是话题营销的一种手段。全民吐槽的风气与观众们需要寻找发泄工作和生活压力的宣泄口有关。吐槽看多了，不明真相的围观群众也会纷纷去看引起争议的"雷剧"，然后加入反对派或狂热粉的阵营参与吐槽，这又会引来更多的围观群众……如此循环，吐槽就会升级为热门话题。

吐槽营销的本质是通过制造热门话题来提炼"卖点"。在吐槽炒作中，产品的附加值大大超过了其本身的价值。这种策略特别适合在某些方面先天不利的产品或作品使用，而口碑好的产品或作品反倒不太适合使用吐槽营销。

因此，一定要善于话题传播，互联网的传播速度奇快，一条新信息在几天内就能传遍全球。特别是网民们带有娱乐性质的话题，会激发人们的吐槽欲望和转发热情。无论话题是好是坏，都能为产量宣传带来更多的点击率与流量。如此一来，品牌的关注度自然就高了。

粉丝效应帮你牢牢吸引住目标用户

在传统商业模式下，营销是单纯的沟通能力的展示。随着技术进步与商业创业，营销变得更加多样化，远远超出了前人的想象。社交媒体上面的文章可以引爆销售，粉丝营销成了流行趋势，有效吸引目标用户终究要在内容上下功夫。

近年来，小米手机能够迅速引爆市场，就是因为用好了会员管理这一招，让"粉丝"参与到手机的设计中来。等手机上市以后，这些人会成为忠实的消费人群。对特定的产品或服务产生强烈的心理认同，甚至引发崇拜和追捧的现象，这就是典型的粉丝效应。受其影响，特定的受众人群会对产品和服务产生过度消费，并大大提升忠诚度。

文化产品的特质更有利于粉丝效应发挥作用。如果商家善于在内容设计上增强用户黏性，就能牢牢抓住目标用户，从而获得巨大的商业价值。

生活中有了问题怎么办？登录"知乎"问答社区可以帮你答疑解惑。在知识经济时代，内容为王的知乎能够给你想要的一切。

2010年12月，知乎网站正式开放。2011年3月，知乎获得李开复的天使轮投资，之后又获得启明投资的千万美元A轮投资。为了确保网站内容更加专业、准确，讨论氛围更加严谨，知乎最早采用邀请注册制度。2013年3月，知乎向公众开放注册，不到一年的时间，注册用户就从40万攀升到了400万，呈现爆发式增长。

随着互联网的广泛应用和智能手机的普及，社区网站的用户数量持续增长。另一方面，用户也在对社区网站的功能提出更高的要求，对服务的选择也更加有针对性。百度知道、天涯问答、新浪爱问等同质化网站层出不穷，那么知乎为何能赢得用户和投资方的青睐呢？这一切，主要得益于粉丝效应的积累。

作为一个真实的网络问答社区，知乎的社区氛围友好、理性，连接各行各业的精英。许多用户都是在口碑的影响下慕名而来，并成为不离不弃的粉丝。自从上线以来，知乎的用户分享着彼此的专业知识、经验和见解，围绕着某一感兴趣的话题进行相关的讨论，提供着高质量的信息。

相比其他同类网站存在问题重复性高、答案不够精确，缺乏互动性等弊端，知乎凭借专业精神赢得了无数粉丝的认可，成为行业的佼佼者。知乎的目标用户群是受教育程度高的年轻人，交流的内容质量都比较高。凭借这一竞争优势，网站的用户黏性很大。一群优秀的人聚合在一起，会吸引更多优秀的人加入，从而形成高质量、稳定的社区文化，让网站的品牌效益进一步放大。

今天，"文艺、清新、不挣钱"已经成为知乎的标签，并由此吸引了大量其他网站无法企及的优质用户。在社区文化的引领下，更多用户聚集到一起，在知识创新中产生了"思想者"的理想形象，并进一步获得了身份认同感。2017年11月8日，知乎入选"时代影响力·中国商业案例TOP30"。

在内容营销上，粉丝经济快速崛起，成为不可忽视的力量。粉丝文化广为传播和日益盛行，展示出强大的影响力，自然得到商家的重视。越来越多的经营者利用粉丝效应吸引目标用户，不过是顺应了新经济发展趋势。

随着整体国民素质的不断提高，大众越来越重视科技文化，内容营销成为不可忽视的营销手段。完成高质量的内容营销，掌握行业话语权，引领行业发展风向，在获取利润的过程中也会一帆风顺。那么，做好内容营销应该从哪里入手呢？

1. 在内容营销上突出特色

如果缺少特色，想在市场上站稳脚跟，无异于痴人说梦。对小众产品来说，赢得大众认可，乃至锁定某个群体，尤其需要依靠特色获得竞争优势。无论从事任何行业，如果在内容营销上只懂得抄袭和模仿别人，就不可能脱颖而出，吸引到目标用户。

今天，追求企业规模、知名度，已经退居其次，提升产品和服务的忠诚度，增强吸粉能力更重要。为此，满足用户的个性化需求，让大家获得归属感，成功就离你不远了。为此，经营者既要做好创意设计，也要把握行业发展趋势，并准确预判未来的发展机会。

2. 坚持差异化竞争策略

定位之父杰克·特劳特说过："如果你的产品是与众不同的，整个世界就会为你敞开大门。"所谓与众不同，其实就是在竞争中坚持差异化策略。

雷同意味着失去特色与优势，而差异化策略让产品和服务在细分市场中处于不败的地位。今天，个性化需求越来越明显，唯有与竞争对手区分开来，具有独一无二的识别系统，才能最大程度上吸引受众的眼球，赢得市场机会。

二次元：1000 个人心中有 1000 个答案

"二次元"即二维，这个概念源自日本。早期的动漫作品都由二维图像构成，所以被称为二次元世界，现在它泛指一切虚拟幻想出来的东西。比如，伴随"80后"成长的《火影忍者》《灌篮高手》，就是最早的二次元文化。

今天，动画、漫画、游戏及其周边产品，以及漫威[①]、DC等欧美漫画，甚至打擦边球的迪士尼，都可以划入"泛二次元"的范畴。当二次元文化有了广泛的认知度，尤其是在年轻人中具有广泛的影响力，它就具备强大的商业价值了。

在内容营销领域，以二次元为噱头进行创意性设计，正在成为

---

① 漫威漫画公司（Marvel Comics）与DC漫画公司（DC Comics）为美国齐名的漫画巨头。漫威漫画由杂志出版商马丁·古斯曼（Martin Goodsman）创建于1939年，于1961年正式定名为Marvel。公司旗下拥有蜘蛛侠、钢铁侠、美国队长、雷神托尔、绿巨人、金刚狼、神奇四侠、恶灵骑士、蚁人等8000多名漫画角色和复仇者联盟、X战警、银河护卫队等超级英雄团队。2010年9月，Marvel宣布其正式中文名称为"漫威"。

一股潮流。早在20世纪90年代末，日本就出现了与动漫相关的音乐。随着网络技术的进步，虚拟声优、虚拟歌姬不再是奇闻。作为百度音乐的掌舵人，王磊就是中国二次元音乐的见证人和开拓者。

太阳每天都是新的，如果你抱着一成不变的心态看世界，注定无法跟上这个时代。中国流行音乐经历了20世纪90年代的繁盛、21世纪初的落寞，近年来随着正版化的推进，在线音乐平台迅速崛起。

当腾讯QQ音乐收购了酷我音乐、酷狗音乐，阿里音乐请宋柯、高晓松掌舵，网易云音乐收割了一大批文艺青年，百度音乐则邀请王磊这样的人才玩起了二次元文化。

王磊做过文娱记者、乐评人、唱片企划人、演出策划人、选秀节目评委，具有多元的身份。因为擅长写作，他在大学期间就给一些报刊撰写乐评，为踏入音乐行业奠定了基础。

大学毕业后，王磊走上了专业乐评人的道路。多年来，他曾为李健、水木年华、毛宁、何炅等人打造唱片，显示了他出色的音乐才华。"内容为王"是音乐产业的特质，王磊秉承这一理念，一手缔造了网易云音乐的辉煌。

加入百度音乐以后，王磊选择以二次元文化为切入点，打造新的流行趋势。早些年，王磊参与过二次元文化在中国的首次推广。那时他就注意到，这种亚文化深受年轻人喜爱，而且极易与音乐产业相结合。2014年前后，二次元文化在国内大范围流行起来，这更加坚定了王磊借助二次元文化发展音乐产业的决心。

2017年6月27日，王磊带领团队在北京航空航天大学举办了一场以二次元文化为主题的音乐节活动。二次元虚拟歌手"洛天依"现身首唱跨界新歌《光速行者》，天籁之音响起，千人音乐会现场瞬间沦陷，受到众多"95后"大学生的追捧。

带领百度音乐向类型化方向发展，是王磊的战略规划。此外，他还会积极尝试古风、嘻哈、电子音乐，赋予百度音乐全新的活力。

一个不容否认的事实是，中国35岁以下的很多人都是看着动漫作品长大的，受二次元文化影响深远。当这群人成为社会消费主体，那么二次元文化就成了撬动商业的杠杆。在内容营销领域，谁忽视这个事实，谁就会错过发展的先机。

1. "90后"成为二次元时尚消费的主力

"二次元"诞生于日本，目前已经在世界各地流行。在不同的社会背景下，它找到了适合自己的形式，成功吸引了年轻人的目光。当二次元与电影、音乐、时尚等产业深度结合，愈发成为影响主流文化的重要力量。

许多"90后"从小就喜欢二次元文化，痴迷于动漫人物的形

象以及故事。在经济独立之前，他们把大部分零花钱几乎全花在了漫展和购买周边产品上，"喜欢才买"是二次元用户最简单的选择。在一些经济条件较好的家庭，"90后"的卧室里摆满了动漫周边产品，其中不乏带有二次元元素的时尚单品。一项调查表明，二次元用户愿意在漫画、写真、动漫周边、声优、虚拟偶像等二次元内容上付费。

统计数据显示，在动漫IP化日益显著的基础上，二次元用户稳定增长，至2017年国内泛二次元用户已经超过3亿人，其中"90后"和"00后"占据95%以上。"90后"成为二次元时尚消费的主力，无疑会最大限度地影响商家的决策。

2. 追随大势去行动

二次元文化在中国持续火爆，成为独特的文化现象，也蕴藏着巨大的商机。国内一些大企业、大品牌多次举办过真人秀活动，而部分车展、动漫展也推动了二次元文化的落地。在杭州，出现了一个国际级的动漫产业基地，政府行为更让商界看到了二次元经济繁荣不可逆。

显然，从事内容营销活动，不能对二次元经济视而不见。年轻人是二次元文化的主要消费群体，抓住年轻人就等于抓住了市场。无论你从事哪一个行业，都可以尝试着与二次元文化融合，给产品或服务贴上新的标签，从而吸引年轻人的目光，使其成为新用户。

第六章

共享世界：让更多人分享物质丰富与科技进步的红利

商业世界本来就是合作共享的财富机会，互联网技术的飞速发展大大拓展了共享经济的影响力，也让更多人加入分享红利的队伍中来。年轻人要敢于尝试新鲜事物，更要善于从共享经济中掘金。

与志同道合的人分享你的故事

英国戏剧作家萧伯纳说过："倘若你有一个苹果，我也有一个苹果，而我们彼此交换苹果，我们每个人仍只有一个苹果。但是，倘若你有一种思想，我有一种思想，我们彼此交换，我们每个人将各有两种思想。"

分享是心灵之光，使人品高尚；分享是品德之美，让灵魂闪光。因为分享，人们发现了美，读懂了美，启迪了心灵。这是自然真谛与人生智慧相辅而行的绝妙境界。

互联网时代就是分享的时代。一个人只有学会分享，才能真正地理解和掌握；只有学会分享，才能拥有更多的机会，才能让更多的人认识你、了解你、信任你。学会分享使人进步，自我封闭必然落伍。分享就是学习，分享创造机遇，分享赢得成功。

帕特里克·龙就读于北卡罗来纳大学教堂山分校，他是该校Morehead-Cain奖学金的获得者。他指导过一个全国性的研究期刊，获得了全国所有高中的订阅；创办过一个志愿家教组织，为超过300名学生提供了家教服务。并且是学校同伴咨询团队中最年轻的成员。他曾经代表北美地区参加围棋比赛，并且代表加拿大参加了国际智力游戏大赛。

对于帕特里克·龙来说，他的成长过程并不是一帆风顺的。为了他的学业，他的父母不断让他转到教学更加严格的学校中去。不停地转学让他在学业上确实取得了出众的成就，却阻碍了他其他方面的成长。他很害羞，生性温和，在不断适应新环境的过程中，他感到孤独，在学校中产生了诸多不适感。

直到有一天，他幡然醒悟，他意识到自己可以主动地融入学校，融入同学中。他开始试着加入运动队与其他同学一起踢足球或打篮球，开始与别人分享他自己的兴趣和理想，并且开始和那些与他有着共同兴趣的同学成了朋友。

后来，帕特里克·龙参加了硕德谷交流项目，这个项目使原本陌生的一个群体通过主动沟通成为一个关系密切的社群。他深刻地认识到主动沟通交流可以融入更大的圈子。帕特里克·龙后来说，这个项目改变了他的思维，培养了他的创业精神，更重要的是，在这里他找到了一个大家庭，他意识到，创业是一种生活方式，它的核心在于与别人沟通，支持你的同龄人。

在高三时，帕特里克·龙决定把自己从硕德谷交流项目中学到的东西应用到现实中去。他与几个同学一起，建立了一个名叫"顶尖家教"（Top Tutors）的志愿家教组织。他们把周围学习好的同学都聚集起来，为周围贫困社区的学生辅导功课。他们一共有52个家教，通力合作为周围学校提供它们需要的帮助，最后有超过300名学生从中受益。

进入大学以后，帕特里克·龙依然没有停歇，他又参加了泰尔基金会峰会，他与那些创业者和不愿墨守成规的年轻人聚在一起，分享彼此的思路。主动聆听和分享改变了帕特里克·龙的一生，这是相互鼓舞的力量、合作的力量，是成功的关键。

分享就是这样，你在支持他人的目标的时候，他人也在积极地支持着你，你们共同成长，共同发现、接纳那个全新的自己。与一群有着远大志向的人一起分享，将是思想的一次盛宴，这将擦出无数亮丽的火花，而这将成就你们彼此的梦想，同时，因为分享，你们的梦想也越来越远大。

在分享中合作，在合作中不断分享，相互鼓励与支持，这将是人生的乐趣。如今，互联网社交下的平台，给予了我们展示自我、表达自我的机会，同时也给予了我们发现与自己志趣相投的人的机会。

作为有创富精神的年轻人，我们应该抓住移动互联网发展的机遇，善于分享自己的故事，与志同道合之人合作前行。请记住：总会有人愿意加入你，和你一起完成你的旅程。

那么，如何发掘志同道合的伙伴，共同创业实现理想？在一起创业，志同道合是合作的根本。以下几种基本素养是重要的参考依据：第一，有远大理想和创业激情；第二，办事稳重、头脑聪慧、知识面较广；第三，有良好的心理素质，有较好的人缘关系；第四，能够吃苦耐劳、勇于钻研。

与具备以上素养的人一起创业，成功的概率是非常高的。这就需要擦亮你的双眼，善于发现、寻找这样的人。

你不妨从你的同学、朋友、周围环境中寻找一下，也可以通过一些人脉资源介绍认识，也可以是一些峰会论坛上认识的朋友。如果有这样的人，可以先谈谈你自己的想法，然后再听听他的意见。如果他的想法与你不谋而合，说明你找对了人。只要你们共同努力，相信你们离创业成功会越来越近！

王者归来，我的玩友，满世界都是

随着网络技术的不断升级，移动终端的革新与发展，大众休闲娱乐逐渐呈现多元化，网络游戏已成为非常重要的一种网上休闲娱乐形式。多媒体终端和智能手机用户的快速增长以及社交网络的普及，手机网络游戏和社交网络游戏迅速发展，目前，我国已拥有数量庞大的电子游戏玩家。

然而，随着网络游戏的不断推广，其用户（以青年为主体，学生占比较大）逐步向低龄化拓展，游戏也逐渐成为娱乐消费的一部分。在未来，网络游戏将更加展现出移动化、社交化、多平台互通化等特点。

年轻人思维活跃，善于追求新鲜事物，把握好中国游戏产业发展的快车，无疑也可以在游戏产业中分得一杯羹。

2015年7月，北京晶合时代软件技术有限公司以2000万元的价格，获得成都锦天科技发展有限公司的大型3D网络游戏《传说Online》的全国总经销权。而制作这一网络游戏的董事长却是一名年仅21岁的成都小伙，他就是彭海涛。

彭海涛从小就喜欢电子游戏，从小学三四年级就开始打任天堂的黑白机，平时几乎从不做作业。在酷爱游戏的同时，他的学习成绩却很优秀：初二时曾在四川省物理竞赛中获得三等奖，在四川省奥林匹克数学比赛中也获了奖。除了睡觉的8个小时，他可以整天在网吧里和韩国的游戏高手对练。2002年，他在成都举行的一次游戏大赛中还获得了"疯狂坦克"的第一名，同时获得了8000元奖金。彭海涛兴奋不已，回到家后他还特意在父亲面前炫耀了此事。之后，他将剩下的奖金作为寝室的共同存款，这些存款用了两个月才用完。

但与其他迷恋网络游戏的孩子不同，彭海涛不仅仅满足于玩游戏本身，而是开始思考游戏这一产业。游戏玩多了，许多游戏中的缺陷让他感到不满，最后他干脆自己尝试着制作游戏。在川大网络学院就读的一年时间，他自己设计了两三款休闲小游戏，受到许多业界朋友的赞同。读了一年大学后，彭海涛索性离开了校园，一门心思搞游戏开发。

彭海涛开始寻找志同道合的朋友，最初他找到了成都金点工作室的两名技术骨干——成都小伙汪疆和绵阳游戏高手贾涛。听了彭海涛的想法，几个人一拍即合，汪疆和贾涛毅然辞职投

入《传说》的开发中。后来，来自南充的游戏设计师赵志明又
参与其中，四人的核心团队就此成型：彭海涛负责游戏整体架
构，汪疆负责程序编写与服务器维护，贾涛负责游戏引擎与游
戏画面，赵志明则担当游戏剧情的整体设计。当时，彭海涛只
有19岁，其余成员都在25岁上下。

网络游戏的制作过程非常复杂，但四人分工明确，在一间
几十平方的办公室，四个年轻人吃住在一起，每天上午9点上
班，下午6点下班。经过半年的磨合对接，他们终于可以让自己
设计的人物在虚拟的游戏空间中自由奔跑，他们为此兴奋不已。

就这样，彭海涛与他的同伴凭借着自己的努力，克服了种
种困难，带领团队打开了自己的游戏市场，并一度签约推广过
《大富翁》《轩辕剑3》《航海时代》等知名游戏，与连邦、骏网
一起被业界人士统称为全国三大游戏经营公司。

从网络游戏的玩者到网络游戏的开发者，这是玩者思想境
界的升级。不要做盲目的游戏沉迷者，如果你想，可以拥有网
络游戏的主动权，可以汇集你的玩友，共同走向成功。

网络游戏是一条产业链，从一个网络游戏的开发设计，到
最后被装入玩家的电脑终端运行使用，中间包括了若干环节：
游戏开发商指的是网络游戏的设计开发者；游戏运营商是游戏

开发商和游戏玩家之间的桥梁，是网络游戏实现其价值的重要环节；游戏玩家即整个产业的最终客户。

事实上，网络游戏产业链的构成相对简单，其核心产业链很短，涉的关系也相对单纯，即游戏开发商—总代理商—分销零售商—用户（以单机游戏为主），游戏开发商—游戏运营商—基础平台商—用户。

网络游戏产业通过提供数码娱乐方式，满足人们的精神消费需求，实现产业化的供给与需求互动。而整个产业内各行业、各企业的收入来源，是游戏用户（玩家）的消费支出。因而，网络游戏产业发展的关键在于游戏的推广——发展游戏新用户，稳定既有消费群体，拓展绩效。

依靠网络游戏赚钱，你需要找到利润的增长点，也就是找准自身的定位。一些具有前瞻意识的年轻人已经走在前列，他们研发、推广自己的游戏或者创办自己的游戏服务工作室，通过游戏币，附加代练、直播，使团队迅速发展。

总而言之，你可以沉迷于网络游戏，也可以驾驭网络游戏，在玩中你可以找到掘金的方法，你的玩友满世界都是，你可以尝试在游戏中掘金。

很多人和你一样，在寻找学习资源

"人生像攀登一座山，而找山寻路，却是一种学习的过程，我们应当在这个过程中，学习笃定、冷静，学习如何从慌乱中找到生机。"其实，学习是人们获取知识、交流情感的一种方式，是人们日常生活中不可缺少的一项重要的内容。

知识经济时代是一个"变革"的时代，社会高速发展，科技快速更新。为了满足社会的需求，跟上时代的步伐，人们在不断学习，在不断地充实自身原有的知识结构。这在一定意义上造成了知识焦虑与知识恐慌，也使得自主学习、终身学习成为社会发展的趋势。

互联网知识经济改变了农业、工业社会人们之间的联系方式，人与人之间的关系更加紧密，学习也在一定程度上扩大了范围，并且被赋予了新的内容。以互联网为载体，不仅使学习更加生动、直观，同时，学习内容（早教、小初高素质教育、大学职业教育、各类技能培训、各类证书、各类招考等）、方式（远程教育、网络直播课程、网络一对一课程辅导、双师课堂等）更加丰富新颖。

今天，在互联网平台，我们可以看到各种免费、付费学习共享资源，这是知识经济的产物。随着互联网的发展，人们学习内容、方式的转型，教育市场的广阔前景已经显现。一些年轻人有思想、有胆识，利用网络共享平台创造了属于自己的财富。

张邦鑫是学而思教育培训机构的创始人，现任董事长兼CEO。他从一次课几十元的家教做起，到一家年培训学员40万余人次、每年营收十几亿人民币的教育机构，张邦鑫和创业团队一起完成了蜕变。

现在，学而思已经形成了五个事业部，分别管理旗下的五大业务品牌：学而思培优（6～18岁中小学小班课外辅导）、智康1对1（6～18岁中小学1对1针对性辅导）、学而思网校（6～18岁中小学远程教育平台）、摩比思维馆（3～8岁关键期儿童思维培养）、e度教育网（0～18岁教育信息与资源分享平台）。

2002年，张邦鑫于四川大学本科毕业之后，考上北京大学生物系硕士。在读硕士期间，为了分担家庭负担，他开始做兼职——家教。当时他做一对一家教，尽心尽责、不断摸索总结学习方法，令学生的成绩有了大幅的提高。学生和家长口碑相传，

来找他做家教的学生越来越多。因为分身乏术，有的家长就建议他开班授课。开班之后，他发现由于学生数量太多，自己难以照顾全面并保证效果，于是决定采用小班教学。

2003年，他的同学曹允东找到他一块儿办辅导班，两个人东拼西凑借了10万元，正式注册公司。他们租了一个不足20平方米的房间，花了350元买下破家具：一个不知道密码的铁皮密码柜、两张桌子、两把椅子以及坐下去就陷一个坑的沙发。"学而思"就如此诞生了，后来这家公司变成在15个城市拥有80万名学生、主打K12（中小学）多学科培训的教育集团。

2010年，学而思上市，并试水互联网，推出学而思网校。在前期运营中，学而思连年亏损，到了2012年学而思网校收入5000万元，占总营收的3%，但仍亏损100多万美元。也就是在这一年，张邦鑫在公司内部提出"转型"命题，但高管们基本持反对意见。他花了一年的时间来沟通，一边沟通，一边坚定自己的想法。2013年，公司内部达成一致，要为未来5~10年做好准备，进军互联网教育。截至2017年，公司网络教育的业绩证明了张邦鑫的方向是正确的。尽管线下教育依然是企业营业额的主要来源，但张邦鑫相信，随着社会的发展，线上教育将会有更大的市场。

互联网改变了一代人的学习习惯，也改变了当今的营利性教育格局。在线上拥有大用户群的时候，也在线下占据了有利地位。将来没有一家教育公司是纯线下公司，所有的公司都要在线上找到自己的位置，否则就会被淘汰。

1. 专注产品，提高服务品质

学而思自成立伊始，就拥有独立的教研团队，目前有专职教研人员近300人，由知名高校的优秀毕业生和拥有多年一线教学经验的资深教师组成。近年来，学而思还和国内外的知名教育机构、专家学者定期展开了广泛的合作与交流。比如，摩比思维馆和学而思培优，已和美国的麦格希尔教育集团（McGraw-Hill Education）在教材研发方面展开了合作。

2. 紧跟时代发展的趋势

互联网让教育变得更简单，解决了跨地域学习和随时回放的问题，但相比线下教育，网络学习更需要学习者主动配合学习。目前，人们对教育的需求依旧是完善社会属性（考证、考文凭）的阶段，线下教育的体验效果优于在线教育，很长一段时间内依旧是线下教育为主流。如果人们对教育的需求转变为完善自我属性，从学习中获得满足感，那可能就是在线教育的爆发时刻。

让分享和沟通成为一种潮流，一种经济模式

在几十年前的中国，商品经济还不发达，交通和通信较为落后。赶集①是很多人生活中的重要内容，而较固定的集日不仅是他们的商品交流日、人际交往日，更是他们的信息获取日。现在，中国很多偏远的农村仍然存在着集市，这些集市的地点大多设在县城和乡镇政府所在地，或者是人口相对集中的村庄。

集市作为一个人们之间的交流分享平台，不仅给人们购物提供了很大的方便，在一定程度上刺激了人们的购买欲，同时也为人们的生活增添了人文色彩。

今天，随着网络技术的发展，集市在互联网时代已经脱离了实体化形态，人们可以借助网络平台出售自己的产品，以及

---

① 赶集，一种民间风俗，南方称作"赶场""赶山"。集市是指定期聚集进行的商品交易活动形式。赶集是劳动人民生活中必不可少的一项活动。赶集也具有一定的周期。

发布采购产品清单，在一定意义上，人们可以较为容易地把各自有的物品、服务、资金、知识技术等拿出来交换，而不受时间和空间的限制。

美国学生罗伯·卡琳（Rob Kalin）毕业的时候已经25岁了，虽然学的是古罗马专业，但他决定把家传的手工艺作为发展方向。于是，他在纽约布鲁克林的小作坊里，开始自己手工制造家具。但他发现很难卖出自己的工艺品，手工制品没有自由交易市场。

第二年的四月份，卡琳开始在脑海中勾勒新创意的雏形。他决定要把全球的手工爱好者通过网络组成团体。在他构建的这个没有任何中间介质的平台上，爱好者们相互帮助、交流，买入、卖出各种独一无二的手工制品。

随后，卡琳邀请了三个朋友和几个纽约大学的毕业生一起来把这个想法变成现实。两个月之后，他们的网站Etsy（网络商店平台，以手工艺品买卖为主要特色，曾被纽约时报拿来和eBay、Amazon和"祖母的地下室收藏"做比较）上线了。仅三年的时间，Etsy就吸引了20万名卖家，超过100万的注册用户，同时还吸引了2700万的风险投资。

在商业模式上，Etsy通过独立的手工制造者把买家联结起来，买家可以花更少的钱买到喜欢的东西，而卖家也可以创造额

外收入。同时Etsy通过论坛和在线交流，以及线下的诸如"Etsy实验室"之类的研讨会，为手工艺从业者提供了一个交流的平台，形成一个网上的"集市"。

Etsy带来的是一种重现交易回归传统消费方式的模式，是传统集市新的表现形式。在大规模工业时代里逐渐消失的地方产品和纯手工制品，如果可以再一次受到越来越多的人的欢迎的话，人们之间纯朴的沟通和交流也能够通过这些物品重新建立起来。

在工业时代，连锁店和大型商场里的产品都是被批量生产出来的，它们是没有历史、没有故事、没有人文的冰冷物品。消费者的购物体验是完全冰冷的，没有人情味。

其实，在生活水平已经有所保障的前提下，单纯的物质消费已经难以满足消费者的需求了，当代人更加注重精神生活。除了质与量这些硬实力外，产品带来的人文关怀更加能打动消费者。

2011年，58同城和赶集网分别在杨幂、姚晨的代言下，通过电视、网站、地铁等媒介的狂轰滥炸，深入人心。这两个网站本质上就是集市在网上的回归。

赶集网的CEO杨浩涌曾经说："我们决心把赶集网打造成

一个用户五公里内生活信息查找和发布的大平台。"同城交友功能可以让原本素不相识的人约在一起打球，人们闲置的或淘汰的家用电器也都可以放到网上去卖。

目前，赶集网覆盖全国三百多个主要城市，免费向用户提供房产、同城交友、招聘、二手物品交易、大学联盟等本地化的信息服务。赶集网主要面向个人用户，通过赶集网的本地城市资讯网络平台，本地用户可以实现对所在地生活消费信息服务或商品的了解和交易。

类似的，58同城的服务覆盖生活的各个领域，提供房屋租售、招聘求职、二手买卖、汽车租售、宠物票务、餐饮娱乐、旅游交友等多种生活信息。其宗旨是：为没有工作的人，创建一个属于自己的平台。

无论是Etsy，还是58同城、赶集网，都是一种对过去消费方式的反思，消费者开始向往回归到传统的集市交易——那种建立在交流基础之上的有强烈关系的人文消费。慢慢地，人们试图越来越多地积极参与生活，体验别人的生活。这也是共享经济的精神实质之一。

今天，人们对促进交流和重建参与的认可史无前例地达到压倒性的优势。我们正沉浸于其中的日新月异的ICT（信息、社交、技术）平台，尤其是在线社交网络和手持移动设备。通过各

种各样的智能设备，我们能够随时随地分享我们生活中的精彩瞬间，沟通和共享变得轻而易举。

集市思维的回归更让这种分享和沟通成为一种潮流，一种经济模式。对年轻人来说，把握这一商业趋势，才能精准地获取财富机会。

第七章

价值投资：每个关键词背后都隐藏着巨大的金矿

跟随趋势赚小钱，发现趋势赚大钱。每一次财富浪潮袭来，有人赚得盆满钵满，也有人一无所获。财富迭代的频率增高，令人目不暇接，其实只要坚持价值投资的原则，善于发现创富的机会，就能找到创富的诀窍。

网红：迎接"红生万物"的时代

"网红"，顾名思义是"网络红人"的简称，它早在个人互联网时代就已经出现。那时候，网红主要是借助事件营销或一些出位的做法引起公众关注，但是所使用的账号本身并没有持续的内容供应，也没有产生相应的商业价值。

近10年来，各类网红层出不穷。比如，企业界活跃着潘石屹、周鸿祎、俞敏洪等明星大腕，文学界有安妮宝贝、痞子蔡、韩寒、和菜头等人，视频界以叫兽易小星、Papi酱为代表，跨界网红莫过于王思聪、草根达人凤姐等。可以说，中国迎来了"红生万物"的时代，也催生了各类与之有关的财富模式。

网络红人总能吸引人的眼球，这本身就是一种商业价值。在此基础上，网红工业出现了，网红经济崛起了，无数人从中获利，进一步推动了这一商业模式的发展。许多青少年既希望获得财富，也渴望成名，将"网红"作为未来的职业方向，足见其影响力多么巨大。

每隔一段时间就出现一批网络红人，这似乎成了中国网络经济发展中的一条规律。在这一背景下，围绕网红生发的商业链条和盈利模式也日益明朗化，并被称为"网红经济"。据Analysys易观预测，2016年中国网红产业规模达到528亿元人民币，2018年将超过1000亿人民币。显然，网红早已经超出了社会现象的范畴，成为一种独特的商业产品，让无数人从中获得财富。

对网红来说，2016年是重要的一年。这一年，被称为"直播社交元年"，直播APP也层出不穷，马云宣布天猫将入驻美妆、旅游等视频直播领域，而王思聪也投资了熊猫TV。至此，网红经济迎来了财富高潮。

步入网红时代，传统企业如何把握商机，将品牌推向市场，秒偶社交电商平台无疑为商家提供了良好的解决方案。在日常生活中，我们接触到的都是时间的合成体。"秒偶"这一概念，就是把网红与用户的时间汇集到一起，组建一个志趣相投的圈子社区，进而产生消费行为。

具体来说，秒偶将红人组成圈子，将每一位用户的资源进行整合，从而产生最大的经济价值。秒偶为代理商提供资源圈应用、媒体推广、广告宣传、粉丝导流、商圈交流、优先参与秒偶投拍网剧的广告植入等权益，完整的一站式服务，在稳固流畅的交易圈中实现商业价值。

1. 期货功能：用户买断红人的时间，获取商业价值

网红以发行人的身份在秒偶上线后，用户可以通过购买的形式持有网红宝贵的时间资源，提出约见要求，或者通过交易、兑换网红提供的沟通机会、知识、周边、共享体验等方式，对时间资源进行投资和支配，从而将虚拟的个人时间转化为直观呈现的可变通资产。

秒偶打造时间价值化，表现出相应的期货功能。用户购买并持有网红宝贵的时间资源以后，就能通过传播和交流在网络中得到精神上的满足，这是"时间收藏"；用户预先持有某一网红的特定时间以后，可以根据需要进行市场交易，将特定时间拥有权出售给他人，从而在交易中完成价值转换或升值，这是"时间交易"；网红在与用户互动的过程中，既能经营好自己的品牌内容，也能利用自己的号召力激发出用户潜在的品牌消费热情，从而吸引有内涵价值的客户群体，让时间像金钱一样存储和生息，这是"时间银行"。

2. 平台功能：将红人内容与商品有效融合，共享创意经济

秒偶是一个红人电商平台，通过有效融合红人内容与商品，在互动中提升用户黏性，让创意经济迸发出无穷的活力。在专业的互联网企业人才运营下，秒偶平台呈现出内容化、社区化和智能化等特性，持续提升用户体验，爆发出强大的商业力量。

　　具体来说，秒偶社交电商平台具有以下独特价值：第一，建立品牌生态圈，即为品牌打造高强度与密度的传播场景，进一步提升品牌广告影响力和受众接受度；第二，实现渠道多样化，即借助丰富的广告行权方式，为传统企业提供多样化的触达渠道；第三，重塑实体行业，即让更多品类加入网红变现的模式中，促进实体行业发展；第四，广泛聚合受众，对品牌广告内容再加工，实现各方利益最大化。

　　统计数据显示，从2017年11月到2018年1月仅两个多月时间，秒偶红人社交电商就为112个品牌共计750余款不同品类产品实现引流，同时红人在各大主流平台直播各类商业活动，年会40余场次，800多万粉丝红人空降22个城市，线上线下总曝光达51719万人次。

　　对网红来说，获取财富的关键是有成熟APP一般的流量控制力。秒偶社交电商平台融合精准、全网互动，在产品力和游戏规则方面无疑更胜一筹。

　　2017年6月，著名微博红人大号"办公室小野"和荣耀手机合作了一款名叫"办公室烤串"的视频，并于当月9日晚上在各平台上线。短短4天的时间里，各平台播放总量突破了千万，秒拍平

台播放量达到了900多万。

在这个视频中，主人公小野用荣耀手机做砧板、砸蒜，用热水壶烫串串。荣耀手机作为一款"重要道具"贯穿整个视频，极大地吸引了观众的注意力。结果，2017年7月京东电商数据表明：荣耀手机销量环比6月上升一位，超过小米、苹果，稳居手机销量品牌榜首。

房地产、酒店、游乐场、大型商超以及品牌连锁店等通过秒偶购买网红时间，可以兑换主题活动直播、配合站台、策划活动、本地朋友圈宣传等行权方式，提高人气和关注度。而化妆品、时尚潮牌、网红零食等通过秒偶购买网红时间，兑换产品携带、植入等行权方式，投入成本低、转化快。

过去，企业只能通过传统媒体广告让消费者获得对自身品牌的认知，投放精准度低、费用大。今天，借助网红的影响力进行营销活动，对品牌进行多渠道、最大程度的曝光，为实体经济注入了新鲜的活力。

2016年，中投顾问发布了《2016—2020年中国网红经济深度调研及投资前景预测报告》，对网红经济发展趋势进行了分析。概括起来，其主要观点包括以下几点：

第一，网红视频化。例如，2016年初迅速走红的Papi酱，依靠精心设计的视频内容吸引观众，并通过病毒营销产生了巨大的影响力。

第二，网红团队专业化。未来，将会有很多专业化的工作室策划、包装网红，通过优秀的作品展示网红，提升成功率。

第三，网红展示多平台化。针对网红制作的内容可以放到多个平台，让受众面更加广泛，不但能提升爆红的可能，还可增加商业利润。

第四，网红营收多元化。国内培养的网红大多数都是靠淘宝店的营收获得收入，这个趋势注定要发生变化。未来，大量品牌公司将会在网络上投放广告，让网红的收入来源多元化，进一步促进网红经济发展壮大。

《三国杀》：中国桌游的里程碑

2012年，一款桌面游戏——《三国杀》风靡全球，至此游戏市场迎来了一个新霸主。这款游戏的火爆程度令人咋舌，因为创始人黄恺就在同年进入《福布斯》中文版首度推出的中美30位30岁以下创业者的名单里。这个年轻人取得这一辉煌业绩，只用了短短的6年时间。

作为2008年问世的桌面游戏，"三国杀"通过官方渠道售出的道具卡牌不计其数，玩家人数非常广。无论是六七岁的小学生，还是年轻的上班族，以及中年大叔，都是这款游戏的爱好者。

早些年，《三国无双》作为《三国杀》的雏形引起了黄恺的注意，随后他与搭档李由注册了淘宝店铺，开始在网上销售这套纸牌，并结识了同为桌游爱好者的杜彬。作为国内最早一批桌游爱好者，杜彬敏锐地察觉到了《三国杀》的巨大商业价值。于是，他主动找到黄恺，两个人很快达成了共识，决定成立一个桌游工作室，专门经营和开发桌游。

2008年1月，杜彬、黄恺、李由三个人共同出资5万元，出版发行了第一套正式产品《三国杀》。同年夏天，北京游卡桌游文化发展有限公司正式成立，这款游戏也正式开始了公司化运作。

新成立的桌游公司发展迅速，从创立时只有3个人，5万元的规模，迅速发展成一家有上百人，资产过千万元的大公司。随着渠道的扩展与口碑效应的放大，玩《三国杀》的人越来越多，消费市场也进一步扩大。后来《三国杀》的全球玩家超过1亿人次，手机平台下载用户超过3000万，在市场取得了巨大成功，这深深震撼了同行。

需要说明的是，《三国杀》桌面游戏几乎没有经过任何正规的广告宣传，却取得了极高的市场占有率，可见它是多么受人欢迎。随着这款游戏在北京、上海、广州等一线大城市风靡，它开始迅速向全国蔓延。那么，《三国杀》的成功，到底有什么核心秘密呢？

1. 选适合中国人口味的故事为焦点

许多时候，商机其实就在一闪念间，最重要的是经营者能否有可贵的商业自觉，能够主动抓住时机。事实上，将国外流行商品或文化品类在国内进行改良，突出本土文化特色，是一个屡试不爽的致富模式。为此，选对突破口是关键。

既有的成功经验是，选择适合民间风俗和口味的故事为焦点，然后在此基础上生发，就容易获得巨大成功。在中国，三国无疑是受众最广泛的传统故事之一，于是这个想法很快在黄恺的脑子里闪现出来，也就有了后来的《三国杀》游戏。

2. 采用低成本的病毒式营销拓展市场

随后，推广版的《三国杀》很快销售一空。然而，在庞大的中国市场撬动更多消费者才是制胜的关键。如何引爆行业的导火索，让《三国杀》成为一款爆款的桌面游戏呢？

因为缺乏资金，公司无法像其他游戏公司那样打广告、做宣传。在这样的情势下，低成本的病毒式营销就成了一种必然的选择。出乎意料的是，这种营销方式正好与《三国杀》游戏的特色暗合，因此推广模式大获成功。

3. 迎合了新时代人们的社交需求

《三国杀》能够流行的另一个重要原因，是迎合了这个时代人们的社交需求。在网络游戏盛行的今天，互联网的发展让人与人之间越来越冷漠，心理上也产生了巨大的失落感。《三国杀》作为一款桌面游戏，让玩家进行面对面的交流、娱乐，安抚了人们冷漠、寂寞的心灵，因此大受欢迎。

此外，作为一款社交性与娱乐性并重的桌面游戏，《三国杀》游戏的过程本身就是一个交往和传播的过程，增强了人际互动。比如，新手会得到更多来自现场朋友的帮助，复杂的规则不仅不会让人感到畏惧，反而增加了探索的乐趣，这让面对面交流的特性发挥到极致。

毫无疑问，《三国杀》开辟了中国桌游市场的先河。在此之前，中国桌游市场没有一款游戏能像《三国杀》这样广受欢迎。它的出现带动了中国桌游市场的繁荣和发展，成为行业的一个标杆。《三国杀》爆红之后，《水浒杀》《西游杀》《红楼杀》等各种模仿者纷纷涌现，并拥有了各自特定的消费群体。

伴随着互联网的发展，免费游戏《三国杀Online》上线，随后颇具规模的线下玩家转投线上，形成无障碍的网络嫁接。虽然这款线上游戏免费，但是精明的商家依靠收费的扩展包、技能牌，再次获得了不菲的收益。统计数据显示，2012年，《三国杀》线上业务营收已经超过1个亿，远超线下业务。

以《三国杀》为代表的桌游，最初都是小众游戏，它们能够拓展消费群体，做大市场规模，展示了惊人的市场运营能力。实际上，《三国杀》游戏主要满足玩家对于策略对战、战术开发、临场战术控制等方面深度的策略需求，抓住这一点就把握住了价值投资的要害。这才是对同类市场最大的启示。

微电影：小投入，大收益

截至2016年12月，中国网民规模达7.31亿，全年共计新增网民4299万人，巨大的市场能量令人震撼。今天，中国已经成为名副其实的全球新媒体用户第一大国。在此背景下，微电影以短小精悍、传播性强的优势，在新媒体时代异军突起，成为市场中不可忽视的一座金矿。

从微博、微信、微小说到微店、微课、微视频，我们已经进入了一个微时代。而"微电影"作为一种新型视听样式，凭借收视方便、互动性强、题材丰富、制作精巧等特点，在新媒体平台赢得了消费者的认可，并展示出强大的吸引力。

2010年，新浪网邀请香港鬼才导演彭浩翔，联手打造了4部8集系列微电影《四夜奇谭》，短时间内点击率就突破了2.1亿次，引发市场轰动。这个系列作品由周迅、张静初、黄立行、余文乐等一线明星主演，不但引发观影热潮，而且还将版权换得1亿元的广告费用。此后，优酷、土豆、搜狐、网易、腾讯、奇艺、酷狗等主要视频网站相继推出了微电影项目，让这一艺术形式迎来黄金发展期。

微电影生于视频网站，兴于视频网站，因为视频网站零门槛，同时拥有庞大的用户群，视频网站与微电影成了天作之合。一部《老男孩》，让"筷子兄弟"组合实现了梦想，感动了亿万观众的同时，也为优酷带来了过亿的点击量。

从根本上说，催生微电影诞生和发展的原动力是广告。在这一商业力量的推动下，电影艺术与商业资本结合起来，产生了微电影这种新型广告片。比如，佳能的*Leave Me*、凯迪拉克的《一触即发》、苹果的*Find Me*等都是以微电影形式呈现的软性广告。作为一种定制营销产品，微电影展示出了艺术魅力，吸引受众群体，并逐步演化成独立的艺术品类。而新媒体蓬勃发展，加快了微电影的市场化步伐，也吸引着更多资本加大投入。

与日常所说的电影一样，微电影发展成熟以后也是一种光影艺术形式。具体来说，它必须有完整的故事情节、鲜明的人物形象、精彩的人物对白、独特的电影画面等，这些都是普通电影必备的要素。与其他传统的广告形式相比，微电影的广告意图更为隐蔽，能最大限度地避免客户对产品或企业的反感情绪。

1. 微电影短小精悍，适合现代人快节奏的工作生活习惯

生活节奏加快，人们的工作压力较大，很难有大量时间欣赏

电影或阅读书籍。当时间、信息迈入"碎片化"时代，短小精悍的微电影就获得了发展良机。它形式简单，不受时间、周期限制，借助移动互联技术可以随意观赏，因此成为受欢迎的艺术形式与营销工具。比如，在坐车、等人、排队等闲暇时间，人们利用手机或平板电脑能轻松看完一部微电影，市场推广效果得到了商家的热烈欢迎。

一位投资商对微电影非常看好，他说："花同样的钱推广一条商业广告和一个有品质的娱乐产品，其效果的量级是不一样的。尤其是针对年轻人群的营销，更应该针对他们的喜好做出更多尝试。"

2. 微电影投资少、效果好，得到商家与视频网站的钟爱

众所周知，电视广告投放费用是微电影的几十倍甚至上百倍，这种高昂的投入让许多商家无力承担。但是，一部优秀的微电影投资少，却能在互联网上获得网友的口碑传播，甚至成为爆款，自然得到商家的钟爱。

具体到各大门户和视频网站，为了吸引消费者及投资者垂青，需要不断制作新的视频内容。现实是，热门影视剧版权价格不断高涨，而高昂的版权购买费也加大了视频公司的运营成本，于是不得不寻找新的出路。对视频网站来说，自制微电影成本低，而且能保证网站在运营中享有更多主动权，因此成为

增加网站新内容的首选。

3. 微电影+二维码，在观影中完成下单任务

从化妆品、饮料、服装，再到电子产品、汽车，微电影中的各种生活场景会出现不同的消费品。从植入广告的角度考虑，这就是巨大的商机。如果在微电影中将产品的二维码或者产品的网店链接植入画面，那么观众就会直接获取产品信息，一旦感兴趣就会立刻下单，这是一种绝佳的营销模式。

伴随着移动支付技术和视频嵌入技术的成熟，借助微电影营销打开市场不再是新鲜事。并且，这种模式适应新时代消费模式变化，更容易被年轻人接受，所以一经推出就大受欢迎，市场前景可观。

4. 明星借助微电影，取得良好的宣传效果

随着MV越来越范式化，很多歌迷对它不再感兴趣，明星迫切需要新的营销推广策略。此外，电视渠道竞争日趋激烈，吸引观众眼球变得越来越困难，于是演艺公司把目光瞄准了微电影。

2011年，萧亚轩推出新专辑《我爱你》，为了达到理想的宣传效果，公司斥资千万元台币邀请著名编剧拍摄了几部微电影，精准诠释专辑的主打歌。随后，这些短片在网络上获得数千万点击和转发，市场营销大获成功。

顺丰虚拟便利店：便利是"金"

没有实物货品，只有一张张贴上二维码的照片，可以收发快递，在ATM机上取钱，也可以试穿网购的衣服，试用网购的家电……这样的便利店你会光顾吗？

2014年，物流与快递行业风起云涌，并购频繁涌现，出海也屡见不鲜，而快递行业巨头顺丰却没有大动作。4月，各种消息传来，人们才猛然发现其实顺丰早已酝酿了一项大计划。同年6月初，一家全新的"嘿客"招牌的O2O便利店现身平桥直街。

从外面看，这家店不是特别有吸引力。店里面墙上有一台大屏幕的液晶电视，取代传统货架的是贴在墙上的产品照片，主要商品为牛奶、菠萝、猕猴桃等食物，手表、鞋子、衣服等穿着物品的照片，还有像电视这样的大型家电，照片下方贴着二维码。

按照规划，顺丰嘿客便利店预计将在全国开设4000家门店，地点将偏向高端社区，重视周边居民消费能力和对服务的高需求。顺丰嘿客便利店采用O2O模式，突出窗口的作用，为居民提供一站式的生活方式服务。

顺丰O2O便利店计划最重要的一点，是提前做好准备工作。首先，顺丰必须有大规模的商店支持才能有发展的可能。与超市、百货商场、商店等形式相比，便利店处于快速增长阶段。

为此，顺丰选择了自己的优势领域：利用建立便利店的方法切入电子商务领域。顺丰的门店不仅满足了便利的服务，也满足了广大零售市场的雄心壮志。特别是在早期的便利商店的试运行中，顺丰重新规划了"第三代"新店，似乎有了更大的模式。

研究人士分析，鉴于之前的顺丰便利店的困境，企业不应该过于贪大求全，寻求品牌曝光和成本结构时，需要更清楚地考虑，尝试打破区域市场，可能是一个不错的选择。

在东港新村的嘿客店，"年轻人好奇心强，愿意尝试新事物。"王先生对虚拟便利店的商业模式很感兴趣，他通过电视屏幕了解产品，可以支付现金并免费退货，他说，"体验它感觉很好，就在这附近上班，以后想买东西直接来这扫个码就行了。"

住在东港新村的王老伯看见店门口高空飘起的气球，就过来凑热闹。他通过宣传资料了解产品后，通过现金支付的方式，在

店面购买了一箱意大利进口猕猴桃，他说："一箱118元，挺划算的，这比现在市场上要便宜很多。"

"我还是习惯到有实物的商店购买摸得着、看得见的商品。"在嘿客店转了一圈的白领涂静表示，任何虚拟购物都无法做到精细的体验过程。她说："最简单的，我要买件衣服，不试怎么知道大小，就算能免费换，也觉得很麻烦，还不如去实体店。更何况我在家里就可以用鼠标搞定的事儿，干吗要跑出来扫码？"

嘿客，逆了现有的网购模式，现在的网购模式是线上虚拟交易，线下实物交付；而嘿客模式是线下虚拟交易，线上流程购物再转线下交付。嘿客玩的是新概念，固然有一定的前景，但实施起来有一定的难度。提高服务人员的整体水平，打造出良好的口碑和影响，这才是最重要的，要想真正发展起来，还得经过一段长期的检验。

目前，顺丰速运已经开始低调运行闲置物品分享平台"顺丰分享"，并同步上线了移动客户端。据顺丰分享内部人士介绍，顺丰分享于2013年10月22日正式上线，定位于"物与物交换的公益平台"，鼓励用户之间分享闲置物品。顺丰分享具体的操作流程是，用户分享出自己的闲置物品，并设置可以申请的人数，其他用户则申请转让，最终由物主决定将物品转让给谁。

顺丰嘿客便利店相关负责人宣称，顺丰嘿客便利店内部设立扶持基金，鼓励顺丰内部员工到华中、华西、华北的三四线以下的乡镇地区开设代理站点。先后进入代理商资质审核以及员工培训阶段，随后首批代理站点投入运营。这表明，顺丰除"快递＋便利店"物流模式在经济较发达地区抢占电商O2O线下入口外，也在推进经济欠发达的三四线及以下的乡镇地区的O2O融合。

多年来，顺丰以创新著称。2002年，正当"通达系"等民营快递企业凭借加盟模式快速攻城略地之时，顺丰已将全部经营网点股权全部收回，确定直营模式；2003年初，顺丰又不惜重金以包租全货机模式创下民营快递先河；顺丰斥巨资购置巴枪等快递员标准配套，以及优质服务从"跑腿公司"中脱颖而出，确立了"高大上"的地位。

对于顺丰的嘿客模式，业内无不赞叹其创新性，但从另一方面来讲，业内也都没看明白这条路该走向何方，甚至顺丰自己也不知道这条路该走向哪里。有多名业内人士表示，嘿客暂未形成清晰的盈利模式。但有业内人士指出，目前快递业正处于"第三次革命期"，O2O、"电商专列"等新兴模式推动着快递业变革，嘿客若探索出发展道路，将占得市场先机。

3D打印：让梦想触手可及

    3D打印以数字模型文件为基础，运用粉末状金属或塑料等可黏合材料，通过逐层打印的方式来构造物体，是快速成型技术的一种。然而，它遵从的原则与传统制造业的去除材料加工技术不同。

    具体来说，打印时先用3D扫描仪等相关软件将产品图纸转化为3D图像，数据上传到电脑上之后，放入相应的材料，打印喷头就会根据图像数据一层一层地将东西打印出来，再堆叠在一起成为一个立体物品。这样异于传统的打印技术着实令人眼前一亮。

    3D打印采用"添加制造技术"，用料只有原来的1/3～1/2，打印速度却是原来的4倍，并且省去了生产线和一部分组装过程，在节省了原材料的同时也大大降低了人工成本。没有传统制造工艺那么烦琐的限制，3D打印可以制作形态各异的物品。理论上，只要电脑可以设计出的造型，3D打印机都可以打印出来。

自从诞生之日起，3D打印技术就开始被各行各业接纳，并得到了广泛的应用，在海军舰艇和航空航天方面，3D打印技术可以应用到一些重要设备零件的生产过程中。在医学领域，3D打印肝脏模型、3D打印头盖骨、3D打印脊椎植入人体、3D打印手掌治疗残疾、3D打印制药、3D打印胸腔等均已实现。在房屋建筑领域、汽车行业、电子领域以及服装行业，3D打印技术均已取得突破性成就。

"80后"海归博士袁玉宇，其研究团队开发的"睿膜"成为世界上第一个生物3D打印的硬脑（脊）膜，并成功实现了生物医学3D打印产业化和商品化。偶遇车祸或者其他突发事件时，时间就是生命，一分一秒都不能浪费，在医护人员对伤者进行紧急救治的同时，其全身的损伤数据被扫描并被传送至医院，倘若伤者心脏破裂严重受损，医生便可以立即着手为其打印一颗心脏，当伤者到达医院被推入手术室时，打印好的心脏便可以顺利被医生植入伤者体内，这样一来不仅可以节省大量宝贵时间，同时也能成功挽救患者的生命。

2012年4月，一种名为"Choc Edge"（巧克力边缘）的3D巧克力打印机出现在了市场上，在eBay上售价高达2500英镑。将巧克力融化成液态之后，装进打印机中的储存器，按下"打印"

键，"Choc Edge"就会根据图像数据把液态巧克力堆叠成你的笑脸形状。英国最大的巧克力生产商桑顿斯已经和"巧克力边缘"接洽，商谈合作事宜。并且网络礼品销售商"find me a gift"也对其表示出了兴趣。

2015年，国务院发布《中国制造2025》[①]，为我国全面推进实施制造强国指明了方向，3D打印机技术大潮已经全面来袭。据业内人士估计，3D打印机在国内企业级装机量在400台左右，2010年以来年增速均在70%左右，市场规模超过1亿元。2017年，全球3D打印市场规模将增至125亿美元左右，而我国也将达到173亿元左右。

在未来的发展进程中，3D打印技术使高新科学技术变得更加普及化，3D打印技术正以无与伦比的威力颠覆传统制造业，引发新一轮的工业革命，开启一个"万物皆可打印"的造物新时代。这一发展模式影响着很多传统产业的设计方向。或许，

---

① 《中国制造2025》，是中国政府实施制造强国战略第一个十年的行动纲领。《中国制造2025》提出，坚持"创新驱动、质量为先、绿色发展、结构优化、人才为本"的基本方针，坚持"市场主导、政府引导、立足当前、着眼长远、整体推进、重点突破、自主发展、开放合作"的基本原则，到2025年迈入制造强国行列。

在不久的将来，只要拥有一台3D打印机，你就可以在自家"变出"各式各样的宝贝。

3D打印进入商用时代，商业模式渐趋成熟，产业链基本成型。海外和本土公司纷纷试水3D打印，争夺制造业新生产力的高地。无疑，3D打印已成为国内热门的话题，越来越多的创业者希望能尽早进入此行业，以抢占市场先机，这其中包括很多小成本创业的朋友，希望小投资能快速进入3D打印行业。

虽然3D打印机技术在诸多领域有着广泛的应用，但是其发展受到多方面的限制。首先，材料限制了其发展。虽然高端工业印刷可以实现塑料、某些金属或者陶瓷打印，但无法实现打印的材料都是比较昂贵和稀缺的。另外，打印机也还没有达到成熟的水平，无法支持日常生活中所接触到的各种各样的材料。其次，机器本身限制了其发展。

目前，3D打印技术在民用市场最大的消费区域就是人像打印。想打印人像必须先进行人像三维数据采集，然而简单的玩偶打印不能完全展示3D人像打印的神奇魅力，导致客户对3D打印的印象是不过如此，大大降低了消费热度。没有工业级打印设备，没有三维扫描仪，只靠桌面级打印机维持店面形象，基本算是空手套白狼。

对年轻人来说，进入3D打印行业进行小成本创业，期待能快

速打开市场很显然还存在一定的困难，想快速致富的朋友还需谨慎。但随着打印技术的改进、设备与耗材的成本降低、消费者消费观念的改变，3D打印市场还是大有可为的。

当前，3D打印具有一定的发展优势，同时也包含着亟待强化和改良的问题。为此，广大产品设计工作者要结合当前的发展情况，积极探讨3D打印技术"设备+技术+应用"的解决方案，建立整个区域乃至全国的文化产业创意优势，促进3D打印技术发展的市场化和平台化建设。除此以外，还要进一步完善3D打印电子商务平台，促进3D打印数据的产业化发展。

第八章

财商进阶：与金钱打交道的过程
可以变得很有趣

通往财富自由之路固然充满艰辛，需要付出努力与智慧，但是也充满了无限乐趣。善于发现财富机会的人，能够在有趣的事情上找到获利的途径，让赚钱变得轻松，避免枯燥乏味。快乐有趣更能吸引财富，这是更高层面的财商。

传统文化热催生汉服生意

2015年5月7日，电影《长江7号》主演徐娇在微博上发了一张穿汉服的照片，这是她在毕业展示会上做的推广项目。结果，这一举动令美国同学非常羡慕，大家纷纷感叹古老文化的美好。

徐娇作为汉服爱好者，在综艺节目和公开活动中多次穿上这种特色鲜明的服装，令观众眼前一亮。与徐娇一样，越来越多追求个性的年轻人开始喜欢上汉服，并为它承载的民族文化折服。

每逢中国传统节日，人们总能看到一些穿着汉服的年轻人体验传统文化的氛围，仿佛回到了遥远的古代。既然有购买汉服的需求，自然有设计、制造汉服的生意。许多有心人把这种爱好商业化，既能满足个人喜好，又可赚到更多金钱，可谓一箭双雕。

"月怀玉"是李依蔓在汉服圈通行的名字，她早年学习服装设计，对汉服钟爱有加。毕业后，她在一家时尚设计公司上班。

2002年，李依蔓准备参加一场"汉服派对"，但是逛遍了许多地方都没有买到满意的汉服，于是亲自设计了一套汉服。就这样，李依蔓迈出了设计、制作汉服的第一步。

科班出身让李依蔓更有专业水准，第一次设计汉服，她找到了参照长沙马王堆汉墓出土文物做的一件曲裾。在板型和结构上严格遵循出土文物，保证了作品的正统性。当然，她没有僵化地模仿古人的做法，而是在配色和用料上进行相应的变化。

平日里，李依蔓崇尚中华古典诗词、服饰，因此喜欢写古体诗。她从古诗词中寻找灵感，认为古代汉服肯定有色彩鲜艳的衣服。因此，在汉服色彩选择上，她不只选用黑色、咖啡色、灰色等低调的配色，也注重加入鲜艳的色彩，起到画龙点睛的的作用。

花了三四天的时间，第一套汉服终于制作完成了。李依蔓穿着它参加了派对，引起了不小的轰动。也就是在那场派对上，她认识了现在的丈夫，两个人幸福地走到了一起。

第一次设计、制作汉服大获成功，李依蔓非常兴奋，决定集中全力做这件事。2007年，她辞去了设计公司的高薪工作，与丈夫一起开了一家汉服店。身为汉服圈的骨灰级元老，李依蔓既尊重传统，也善于适当创新，结合当下的需求满足消费者的品位。

看到红火的婚庆市场，李依蔓决心设计汉服版的婚服系列。她参照古代帛画上吉服的款式，将以往的汉服作品改成红色，并且把花绣得大气一些。然后，又在细节上进行精心设计，结果婚服系列推向市场以后大受欢迎。

除了专注成人汉服研究，设计童装汉服也是李依蔓努力的方向。有的家长为了培养孩子传统礼仪方面的东西，就给孩子购买汉服。经过研究、设计，李依蔓制作出了第一套儿童汉服，而第一个试穿的人正是她的儿子。

随着中国经济持续发展，国人的消费能力增强，传统文化意识觉醒，这些因素都让汉服生意逐渐升温。为了满足消费者的需求，李依蔓在设计上下足了功夫。比如，除了劳作的短褐以外，汉服没有短袖，夏天穿起来会燥热难耐。为此，她改变了汉服的形制，设计了一些具有"汉元素"的短袖短裙，得到了市场的认可。

随着汉服热在全国兴起，许多商家投资汉服生意，包括开办汉服生产工厂、开设服装加盟专卖店等。统计数据显示，成熟的汉服专卖店月销售额可达3万元，至于汉服的销售价格，从100元至上千元不等。

虽然汉服热不断高涨，但是消费群仍然处于培养扩大阶段。对致力于开发汉服生意的投资者来说，为了顺利打开市场，可以考虑与一些推行汉文化的团体和机构合作，对塑造品牌形象、提升市场占有率非常有意义。

传统文化复兴终究是一件好事，但是投资汉服生意决不能头脑发热。事实上，汉服所承载的民族符号意味在逐渐淡化，更多时候是作为一种视觉消费品存在。为此，我们需要从以下几个方面把握做好汉服生意的诀窍：

1. 国学热催生了汉服生意

视觉化的汉服让人过目不忘，可以带来强大的审美愉悦感。近10年来，汉服品牌从几家扩展到上千家，一些资深爱好者变成类似网红的角色，吸引了大批粉丝，这让汉服生意越做越火。也有商家售卖汉服，或者开设礼仪公司，提供与古代礼仪有关的服务项目。

2. 在汉服设计中融入现代人的审美趣味

随着汉服热兴起，设计者越来越精益求精。除了遵循古代汉服的制式，他们还会考虑现代人的审美趣味，迎合当下人的消费品位。比如，古代圆领袍的胸围十分宽松，按照这种尺寸生产的汉服穿起来不方便，有的消费者抱怨衣服太大了。于是，设计师把宽松量缩到3厘米左右，符合现代人的穿衣习惯，结果得到了消费者的认可。

3. 开设汉服专卖店大有学问

有的人极其喜欢汉服，想把它当作一门生意，于是筹划开一家汉服专卖店。不过，这里面大有学问。目前，多数商家以网上开店为主，实体店不会轻易涉足，因为汉服毕竟属于小众消费品，投资成本和风险都较高。如果决定开设实体店，一定要选择人气旺的地方，最好选择有古文化气息的场所。无论采用哪种形式，投资者一定要对与汉服相关的文化知识有充分的了解，表现出专业的素养，才能吸引消费者购买。

最潇洒的一刻——随处旅行，钱已到账

今天，人们的收入越来越高，交通越来越发达，闲暇时间也越来越多，外出旅行成了放松身心、增长知识、陶冶情操的重要娱乐方式。年轻人尤其爱旅行，在新的环境中感受异域风情、开阔视野，一次次完成自我成长。

不可否认，旅行是一种消费行为，时间、金钱缺一不可。不同的人有不同的旅行目的，新时代的年轻人不仅把旅行当作一种爱好，还善于从中发现财富机会，可谓一举多得。

比如，喜欢摄影的人在旅行中拍摄精美的图片，或者撰写旅行游记，这些作品都有相应的商业价值。如果找到合适的渠道，就能把它们出售，获得相应的报酬。这种获取财富的方式是不是很轻松，也很有趣？

到遥远的地方转一转、看一看，是陈凤儿时的梦想。上大学以后，他有机会到全国各地旅行，大大开阔了眼界。在旅行过程

中，他渐渐爱上了摄影，拍摄了许多精美的图片，并在学校、省会举办的摄影大赛中获奖。

不久，一家大型图片社联系到陈风，提出购买他拍摄的照片版权。这是一个双赢的合作，出售一部分照片版权，获得相应的报酬，可以购买更高级的摄影器材，到更远的地方旅行。想到这里，陈风爽快地答应了。此后，他去的地方越来越多，拍摄的照片越来越美，收入也逐年增加。

除了在旅行的过程中拍摄精美的照片，陈风还爱上了写作，创作了许多文艺气息浓郁、充满人生感悟的作品，并被多家旅游杂志刊登。经过一段时间的磨合，陈风与图片社、旅行杂志社签订了长期合作协议。由于他拍摄的照片、撰写的游记水准很高，因此合作方给出了很高的报酬。有时候，陈风按照杂志社指定的旅游线路拍照、写文章，还会提前收到差旅费和稿费。

在陈风眼中，旅行不只是简单地玩乐，而是一项既专业又优雅的活动。在游记中，他不仅可以分享自己有趣的旅行经历，还会分享专业的民俗文化、地理知识，带给读者更深邃的内容，展示更成熟的旅行观。

为了在摄影、写作方面创作出更优秀的作品，陈风利用业余时间广泛学习地理、民俗、外语、摄影，并坚持锻炼身体。在旅行中，他坚持做一名专业的徒步者，行走在山野小径、高原绝域、苍茫荒野，只为随时停下脚步拍摄美景。此外，他非常看重旅行中独特的感受和体验，并努力与读者分享有质量的内容。在旅行中，他培养了深厚的素养、磨砺出宽广的心境，丰富和完善了自我。

随着读者的要求越来越高，陈风必须付出更多努力才能满足市场的需求。在经济条件和时间允许的情况下，他更着重进行体验式旅行。比如，针对一个国家分区域多次前往，慢慢品味当地的风土人情，可以获得不同的体验，创作出更优秀的作品。通过逐一品尝当地的美食，与当地人交流，陈风获得了网络上无法查到的知识与经验，得到了读者的热烈欢迎。

随着技术的进步和经济的发展，各行各业没有泾渭分明的职位区分了。爱旅行的人可以在途中生产受市场欢迎的文化产品，不再是新鲜事。虽然许多人不需要依靠旅行活动来赚钱维持生活，但是创作出优秀的文化产品，并将其商业化，恰恰是个人价值的体现。

对那些渴望自由生活，又想获得收入的年轻人来说，一边旅行一边与商业机构合作，或者创造文化产品，或者开展其他业务，何乐而不为呢？

1. 善于设计充满个性的旅行计划

在旅行过程中创作出非凡的作品，离不开最初的旅行计划设

计。旅行的人越来越多，大家看到的东西大同小异，如果你的旅行线路缺乏创意，势必很难获得高质量的体验，也就不容易创作出更优秀的文化产品。善于设计高品质的旅游计划，才会获得充满个性色彩和100%自由度的旅行安排。

2. 让旅行成为人生有价值的投资

近年来，旅行已经成为人们非常喜爱的休闲娱乐方式。2016年内，中国出境游人数1.23亿人次，花费7600亿元。今天的旅行已经不再局限于传统意义上的欣赏美景、领略异国文化、购买奢侈品，而是成为开启人生无限可能的价值投资机会。

在旅行中观看FI赛车或是美职篮，让最优秀的法国艺术品专家陪着买画，见到最崇拜的美国企业家，和迪拜最著名的企业负责人探讨合作……这些都不再是梦想。享受或创造这些旅游服务内容，你就会发现属于自己的财富机会。

3. 短期游学之旅带来不一样的思考

无论是在人生成长的过程中，还是在获取财富的道路上，学习是终生努力的方向。今天，学习形式丰富多彩，除了获取职业资格证书、读MBA或EMBA外，越来越多的人开始走出国门，到世界名校读书。与出国学习手续复杂、耗时长不同，短期游学可以放松身心，增长阅历和见识。此外，通过专属定制的课程，还能获得不一样的启发，带来不一样的思考。显然，这有助于你具备更宏大的视野，在未来的竞争中占据有利位置。

4．在旅行过程中努力发现商业机会

旅行本身就是一场发现之旅，获得意外的合作与商业机会并不稀奇。对很多经营者来说，走出国门做生意是一件令人激动的事情。既然你的脚步要丈量这个世界，为何不带着发现商机的任务去旅行呢？寻找财富机会，结交合作伙伴，合理配置国内外资源……无论是国内游还是出国旅行，都能顺便考察一下投资机会，在面对面沟通中找到利润之源。

在旅行中引进境外产品，或者在旅行的同伴中找到客户，甚至与对方成为创业伙伴，这样的例子不胜枚举。有一次，在台湾地区的游学之旅中，一位参与者和大家一起学习、参观和游玩，并没有什么特别之处，但是此后半年时间内，他接到了多份来自同行客户的合同，而对方都是那次游学中的伙伴。由此可见，旅行是能给自己带来很多财富机会的。

女人的钱好赚，男人的钱更好赚

犹太商人认为，大多数的衣服、化妆品和奢侈品，如闪耀发光的钻石、豪华的晚礼服、戒指、别针、项链、高级女用皮包等商品历来是女人的专有物。瞄准女人，经营女人用的东西一定能获得丰厚的利润。

这样的观点并没有错，然而在新经济时代，只瞄准女人的口袋就有失偏颇了，因为男人的钱更好赚。今天，越来越多的男人也开始注重消费体验，提升生活品质。在某些领域，针对男性的消费品市场利润丰厚，已经成为不可忽视的投资项目。

大学期间，琪琪认识了现在的男朋友陈凯。他是汽车工程专业毕业，目前在一家合资汽车厂造型设计室上班。陈凯是一名狂热的汽车模型收藏爱好者，家里收藏了两百多台各种1：18或1：43的合金或手办车模。

从认识男朋友那天起，琪琪就发现他每隔一段时间就要购入新款车模，花钱的时候毫不犹豫。与男朋友不同，琪琪喜欢摄影，在旅行过程中拍摄了大量风景秀美的照片。

有一次，陈凯对琪琪说："你把镜头对准我的车模，给它们拍一些照片吧！换换口味，也许会有不一样的发现。"琪琪灵机一动，认真拍摄起来，并且一发不可收拾。两个人外出旅行的时候，琪琪会主动让陈凯带上车模，在当地特有的自然人文环境中拍摄车模照片，模拟实车的画面效果。没想到，拍摄效果出奇的好。

在野外拍摄车模，最大的魅力是给人一种以假乱真的感觉，这种"错觉美"的摄影技术一度让琪琪着迷。渐渐地，这个喜欢摄影的女孩在男朋友潜移默化的影响下，竟然爱上了汽车模型。

年末一次酒会上，琪琪认识了一名杂志编辑，当双方聊到车模摄影时，竟然相见恨晚。酒会结束的时候，两个人互相留了联系方式，约定再次见面详谈。不久，琪琪成为这家杂志的兼职车模摄影师，大量摄影作品被杂志采用，有了源源不断的收入。

后来，琪琪辞掉了原来的工作，开了一家汽车模型专卖店，并兼顾车模摄影。车模专卖店的生意出奇的好，没想到男人的钱这么好赚。随后，琪琪在店里增加了车模摄影作品售卖专柜，也吸引了大量用户购买。

今天，汽车开始走入寻常百姓家，收藏汽车模型也逐渐成为

一种时尚。看到做工精美的汽车模型，许多男人爱不释手。研究发现，各种类型的车模有不同的市场需求，在社交活动中更是馈赠礼品的不二之选。

此外，汽车模型不仅是成年男性的专属，也是儿童玩具的重要分支。一些经济能力好的家庭会给男孩子购买车模作为生日礼物，结果大受欢迎。车模是依照真实汽车的形状，按照一定的比例微缩制成，凭借高仿真的造型、别具一格的样式表现出高品质，能够得到男孩子的青睐丝毫不足为奇。

对爱车的人来说，拥有各种款式的真车并不现实，而仿真汽车模型提供了一个与梦想车型零距离接触的机会。不同于驾驶真实的汽车，车模主要是为用户带来视觉上的愉悦感和心理上的满足感，这种拥有也别有一番乐趣。

汽车模型特别受都市年轻人的青睐，在上海、北京和广州等地已有相当大数量的车模爱好者。开汽车模型店赚男人的钱，显然大有"钱"途。

1. 车模专卖店收益可观

汽车模型不同于一般的玩具，是一种文化内涵丰富、技术含量高的产品，市场前景广阔。目前，在北京、上海、广州、长春、兰州、郑州等地已经出现了车模专卖店，形成了特定的客户群。统计数据显示，这些专卖店的平均年纯利润在

60万左右。

消费者除了购买特定的汽车模型之外，还会购买与之相关的小配件或饰品。这些周边产品的毛利润平均在40%左右，也是增加专卖店利润的重要支撑。比如，安放车模的底座、车模专用的钥匙扣等小配件对消费者来说都是必不可少的，这些产品的利润也非常可观。

显然，喜欢汽车模型的人往往都是经济实力雄厚、有文化品位的人，因此他们非常看重产品的质量。一些车模店经营者说，不同产地的车模质量也不一样，通常广州、深圳这些货源地产品质量更好，进货和售出的价格也相对较高。在产品选择上，消费者更喜欢外形时尚、规格稍大的车模，比如按照1∶18的比例进行缩小的车模更受市场欢迎。

2. 车模专卖店经营策略

在汽车模型专卖店经营方面，注重营销必不可少。比如，设计、制作精美的商店网页，加大网店推广力度，包括在与汽车相关的报纸、杂志上刊登报花等，都可以有效提升店铺的知名度，带动销量。

为了提升消费者的参与度，有的汽车模型专卖店增加了DIY业务。比如，针对所售越野车模型，消费者可以根据自己的喜好喷涂车身颜色，这样做既增加了互动性，又可以将涂料作为新的

利润增长点，可谓一举两得。

有的经营者突破了汽车模型的范围，还出售飞机、坦克、摩托车、自行车模型，通过相关产品线吸引新的客户群体，也让店铺的产品线变得丰富起来。

总之，汽车模型是男人的专宠，想赚男人的钱就要了解他们的心理与消费偏好，从而采取有针对性的营销策略提升销量，增加店铺的利润。

从玩乐中生发创造，让人生与众不同

历史上，很多有趣的发明都是从玩乐中被创造出来的。比如，门捷列夫通过玩纸牌找到了元素之间的规律，进而发明了元素周期表①，为人类科技进步做出了巨大贡献。兴趣和快乐推动着发明者奋发有为，成为改变世界的关键力量。

科技是改变世界的重要力量，而技术进步大多是从发明创造中而来的。年轻人好奇心强、想象力丰富，是从事发明创造的黄金年龄，许多人因为好玩而搞发明，结果玩出了新意，也玩出了财富。

---

① 元素周期表是根据原子序数从小至大排序的化学元素列表。列表大体呈长方形，某些元素周期中留有空格，使特性相近的元素归在同一族中，如卤素、碱金属元素、稀有气体（又称惰性气体或贵族气体）等。由于周期表能够准确地预测各种元素的特性及其之间的关系，因此它在化学及其他科学范畴中被广泛使用，作为分析化学行为时十分有用的框架。

2013年夏天，中央电视台《发明梦工场》节目聚集了一大批草根发明者，在全国观众面前展示他们的奇思妙想。这些民间创客研究出了各种实用的小工具，让人眼前一亮。

为了更好地展示这些新奇创造，《发明梦工场》设计了比赛，请评委做出点评。通过几轮赛事，最终选出高效率工作的面条机、六轮驱动车、自动煎炸煮炖的烹饪锅、自动工作的挖藕机四个项目进入总决赛。按照规定，这四个项目如果获得投资者的认可，当场就可以获得41家投资机构带来的82亿元资金支持。

果然，一些优秀的草根发明在现场展示的时候惊艳了评委，立刻获得了从百万元到千万元不等的竞价。2013年9月，这个节目进入复赛阶段，甚至飙出了1亿元额度的投资，令人瞠目结舌。

只有亲临现场的人才会感受到，投资者每一次举牌都是对发明者的认可与信任，也是后者商业价值的体现。今天，那些一直默默无闻的草根发明者不再囿于自己的小圈子，不只是因为好玩搞发明，他们所做的一切都拥有巨大的商业价值，以及广阔的发展前景。

许多人为《发明梦工场》点赞，感谢他们为草根发明者创造了一个与投资者见面的平台，让这些智慧与辛劳的结晶有了发光发热的机会。

一项发明创造，最大的价值就是被认可，应用到社会生活中，为更多人带来便利、机会和财富。而发明者本人如果得到认同，其商业价值被肯定，也会受到极大鼓舞，继续做好发明创造事业，并获得物质上的支持。

毫无疑问，《发明梦工场》所做的工作就是让发明者的价值得到展示和认同，让投资者为他们提供变现的机会。对大多数默默无闻的草根发明者而言，这是梦寐以求的事情。让自己的成果得到市场认可，而不是遭受漠视和歧视，难道还有比这更让发明者动容的事情吗？

在人类文明史上，每一次社会进步与经济繁盛都是科技进步的结果。那些伟大的发明家推动了技术革新，引发了社会经济连锁反应。比如，20世纪80年代末出现的互联网技术，整个人类世界，无论是人文领域、科技领域还是商业领域，都被彻底颠覆了。互联网技术带来了人类历史上最汹涌澎湃的变革，影响一直延续到今天。

毫无疑问，科技工作者与发明者是推动社会进步的重要力量。许多时候，科学家走在了最前面，而在他们的身后，商人们紧跟了上来。在日益重视科技与发明创造的今天，一项有价值

的发明能够得到快速变现，这对发明者来说是天大的好事。从此，发明创造不只是兴趣使然，更能获得应有的商业价值，对发明者来说简直其乐无穷。

1. 让发明创造转化为产品，才能彰显其价值

在中国，每年民间诞生的发明成果绝对不在少数，然而最终转化为成果的却很少。数据显示，2012年我国非职务发明专利授权17万多件，占国内发明专利授权的124%，但是绝大多数发明专利很难转化为产品，自然也无法造福社会。

为此，发明者除了专心创造，还要想办法得到专业机构的发现与认可，包括发明商业化后获得相应的资金支持，让后续发明活动持续下去。聪明的发明者不做苦行僧，他们能在理想与功利之间找到恰当的位置，而非单纯沉浸在自己快乐的发明王国里。

发明创造或文艺创作本身就是一件快乐的事情，并具有极大的商业价值。年轻人应该努力让更多人理解自己的价值，在适当的时候获得商业机构或投资者的垂青。这是人生财富的应有之义。

2. 从事发明创造要顺其自然，追求本心

无论是从事科技发明创造，还是从事文化艺术创作，都需要当事人调节好心态，避免因为功利心太强出现偏差。对自己从事的项目真正热爱，投入持续的努力才容易出成果。一件产品不是谁想发明就能实现的，需要持久努力、合适的契机以及关键时刻的灵感。因此，当事人一定要顺其自然，保持良好的心境。

对伟大的发明创造与文艺创作来说，财富在更多时候只是副产品。唯有前期用心做事，将个人才智发挥到极致，才能真正有所得。在工作中投入热情，感受到做事的快乐，那么在将来某个时刻有关键性的突破就会变得水到渠成。

"非主流"文化引领时尚创业

伴随着互联网成长起来的"90后""00后"容易接受新鲜事物，无论做什么都有一股冲劲儿。当他们长大成人迈向社会以后，在创造、获取财富的道路上就表现出敢想敢干的特点。

一段时间以来，"非主流"似乎成了新一代年轻人的标签，张扬自我、桀骜不驯是外界对他们的评价。除了在衣着、妆容上表现得比较另类，他们在观念上也与父辈发生着激烈的碰撞。其实，"90后""00后"不是世人想象的那么匪夷所思，他们只是更在乎自我意愿的表达，不想落于俗套。

关于如何创造财富，新时代年轻人会沿着"非主流"文化的方向尝试，集中于时尚领域掘金。具体表现为，他们在行动过程中有自己的主张，热爱自己所做的事情，在营销策略上精准定位，试图从小众中找到大市场。

1. 为客户定制洛丽塔风格的衣服

很多女孩都有一个"洛丽塔"梦：穿着超短裙，化着成熟的妆容但又留着少女刘海，成为可爱女孩应有的样子。或许在她们的内心深处，都有对青涩年华的眷恋，永远希望自己长不大。

在现实生活中，许多女孩钟情洛丽塔风格的衣服。赵丽从小学就开始迷恋这些东西，工作后开始在家里缝制同类衣服，亲手把梦想变成现实。后来，她做的衣服越来越成熟，索性定制洛丽塔风格的衣服，对外销售。收到特定顾客的积极回馈以后，她进一步改进制作工艺，订单越来越多。

不久，赵丽注册了品牌，经过一番调研之后在几个繁华地段开设了专柜。在店铺里，你可以看到模特穿着碎花蓬裙、大量蕾丝、厚底娃娃鞋，还配同系列发带、伞等。洛丽塔装扮吸引了不少路人的目光，当然真正的客户是小圈子的"洛丽塔"们。

作为一种小众消费，前来购买洛丽塔风格服装的人大多是消费能力高的年轻白领，也有一些30岁以上的妈妈。在顾客心目中，穿上这样的衣服能体验到童话故事里的优雅、精致与完美，获得极大的身心享受。对这些相对固定的圈内女性消费者来说，购买服装更多是在表明一种与众不同的生活态度。

在营销策略上，赵丽善于研究小众消费者的心理需求。在整体服装风格不变的情况下，她会根据一年四季的变化推出主

题系列服装，并在头饰、鞋子等方面进行装点，起到画龙点睛的作用。

对经营者来说，洛丽塔风格的服装从设计到制作都是一个深入研究、不断创新的过程。具体来说，一件衣服成功问世需要经历画图设计、制作样品、橱窗展示、用户反馈、持续改进、批量生产的过程。由于洛丽塔风格的限制，商家只能采取小批量生产的模式。通常，一件衣服的产量有限，不会出现大批积压的情况。从另一个方面来说，制作成本高昂导致产品售价高。在这个圈子里，经营者都是凭着兴趣做事，有时候赚钱反而退居其次。

2. 动漫文化让"卖萌"成为一门生意

与现实生活相比，动漫世界是虚幻的，更多时候是一种美好的想象。从"90后"到"00后"都是伴随着动漫成长起来的，这种独特的文化认同已经深入到他们的骨子里，并直接影响到消费偏好。

动漫作品中的人物成为年轻一代的萌宠，影响着他们的社交、消费。大家因为共同的爱好走到一起，有了许多共同语言，在聚会中穿着动漫人物的服装，表达心理认同。在这里，通过兴趣爱好来一场时尚聚会，更能彰显年轻人的朝气与活力。

近年来，流行于日本的"女仆屋"悄然现身各大城市，聚拢了大批动漫爱好者。参加聚会的年轻人除了购买服装外，还要购买其他动漫周边产品，让自己显得更有个性。在聚会中，桌游、酒水等消费都必不可少，成为商家盈利的重要模式。有的经营者为各种私人、组织团体提供聚会的场所、互动的平台，收益非常理想。

在动漫作品中，各种人物形象都少了现实世界中冷冰冰的坚硬，多了令人喜爱、欣赏的"萌"态，夹杂着对美好未来的想象与期待。这深受年轻人的喜欢，而他们当中具有商业头脑的人干脆把这种人生趣味作为创业项目，引领时尚文化的潮流。

来到各种主题的动漫聚会上，年轻的参与者们都是通过口口相传认识、聚集到一起的，并带动了相关动漫产品的消费。随着动漫文化产业持续火热，越来越多的年轻人参与进来，成为动漫经济的参与者和推动者，也见证了这个行业的兴盛与发展。

做动漫生意，既要真心热爱，又要有专业精神。团队中有专人负责研究动漫资讯。在动漫服装制作中，不但会顾及服装的面料，还会在设计上与客户反复沟通，表现出强烈的专业精神。

亲情补偿师，以爱的名义陪着你

人是一种感情动物，内心是极其柔弱的。快节奏的都市生活，不期而至的悲惨境遇，长期积压在内心深处的情感秘密，都给人们带来了压力，需要找人宣泄、倾诉，度过情感危机。在这一背景下，满足用户的情感需求、化解情感难题的问题得到了迅速发展。受此影响，心理学专业的毕业生也成为市场欢迎的对象。

出生在苏州的陈碧琦有江南女子的柔弱气质，待人接物让人感觉非常舒服。自幼父母离异，她内心深处对孩子有一股天然的怜悯之情。受此影响，她在高中毕业那年考取了北京一所私立学校的专科，学习幼儿教育。把爱分享给可爱的孩子，让他们拥有快乐的童年，这是陈碧琦内心最真实的愿望。

2007年8月底，陈碧琦实习的幼儿园在秋季招生。新生入学那天，一位刘先生带着女儿来到学校，执意让孩子进陈碧琦负责的班级。原来，刘先生是一位私营企业主，妻子在国外进修。前几天，保姆带着女儿冉冉路过幼儿园，看到陈碧琦长得很像妈妈，于是哭闹着不肯离开。

了解完事情的原委以后，陈碧琦说自己马上就过了实习期，要离开这所幼儿园，实在无能为力。刘先生说，愿意以每月5000元的高薪邀请陈碧琦做冉冉的"临时妈妈"。一个年轻的女孩突然变成一个孩子的"妈妈"，的确让人难以接受，但是陈碧琦略加思索就爽快地答应了。

除了获得相应的报酬，陈碧琦更看重给孩子关爱，这与自己从事幼教事业的初衷吻合。果然，她与冉冉相处融洽，两个人的感情也越来越好。最重要的是，冉冉有了"妈妈"陪在身边，变得有安全感了，心情也开朗起来。

转眼到了年底，刘太太就要从美国回来了。一天晚上，陈碧琦忽然接到刘家保姆打来的电话，说冉冉玩饮水机不小心烫伤了手。当时，刘先生在外地出差，希望她能马上过去帮忙。陈碧琦帮冉冉安排好住院手续，和保姆一起守着孩子。

第二天早晨，陈碧琦在走廊看到一位少妇痛哭不止，于是走过去准备安慰几句。不料，少妇找到了倾诉对象，滔滔不绝地对陈碧琦讲述个人的辛酸史。虽然陈碧琦多次打断少妇谈话，但是对方根本停不下来。

原来，少妇半年前刚失去丈夫，儿子受了刺激患上自闭症，有一天在家里的车库玩火被烧成重伤，已经昏迷好几天了。听到这里，陈碧琦心里很难受。她打开手机，查询了烧伤导致深度昏迷方面的护理知识，并打算找人以父亲的名义跟少妇昏迷的儿子对话。

想到这里，陈碧琦突然豁然开朗，她找到了自己的人生定位，那就是做一个亲情补偿师，帮助人们弥补情感缺失，走出人生低谷。随后，她主动找到那名少妇，提出唤醒方案。对方非常高兴，立刻同意了陈碧琦的计划，并支付了部分定金。

为了提升自己的专业技能，陈碧琦选修了心理学。不久，她成立了"碧涛亲情出租咨询服务工作室"，并找到心理系的学生进行培训，让这些人从事兼职工作，根据客户需要扮演不同的角色，提供幸福与关爱。

爱是这个世界上最美好的东西，满足他人情感需求也能创造财富，在今天已经变为现实。陈碧琦通过创意性设计，带给他人良好的亲情体验，自己也收获了温暖。在内心深处，亲情补偿师不只是角色扮演，而是给予他人关爱的善举。由此看来，只要用心去做，任何事情都可以创造奇迹。

市场环境不断变化，科学技术层出不穷，新经济需要每个人做出改变，适应未来的新趋势。当行业、专业的界限被打破，年轻人必须勇敢接受一切，像陈碧琦一样创造性地开拓新的创富领域。

有的人找工作、做项目很挑剔，这也不做，那也不做，到头来不知道自己适合做什么。忽然有一天，发现曾经和自己站在同一条起跑线上的人已经功成名就，而自己还一事无成。商业最重要的是大胆尝试，与形形色色的人接触，了解各个行业的特点，知道不同领域的各种门道，掌握未来的行业发展趋势。

1. 掌握科学的心理学知识，理解情感与人性

这个世界的主宰是人类，一切社会与商业行为都离不开人的心理活动。理解情感与人性，无论对于创意设计、市场营销，还是商业管理、财富创造，都是基础性的工作。对年轻人来说，从步入社会的那一刻起，就要有这种认识，从而在工作中有更多建树，在创富的路上有更多收获。

2. 艺术给人爱、快乐，让生活变得更有趣

2017年，在贵州大数据峰会上，马云再次语出惊人。他说："不让孩子学艺术，未来30年你的孩子将找不到工作。"如果继续以前的教学方法，让孩子记忆、背诵、计算，而不让他们体验，不学会琴棋书画，未来他们会失去竞争力，因为他们没有办法适应机器时代。

人工智能已经迈出坚实的步伐，未来商业必然受此影响产生新的变革。适应新的竞争局面，年轻人要懂得增强艺术修养，保持内心纯真、善良和快乐，让人生变得更有趣。在此基础上，从事任何行业都能做得很出色，并与这个时代同步。

把"玩"当作事业，要懂得经营自己

在商业自由、信息公开、完全竞争的市场环境里，有梦想和才华的人更容易实现自我价值，并获得相应的财富。前提是，实现这一切需要你保持学习的心态，懂得检验自己的想法，并积极采取行动。

没有人天生就是某一领域内的专家，每天醒来后你应该问自己："我的目标是什么？我昨天努力了吗？我今天要做什么？"时刻磨炼自己的技能，小心翼翼地研究目标市场，打破影响成功的藩篱，你就会越来越优秀，越来越成功。

渴望迈向成功人生，是无数人的梦想。帮助他人获得成功，以此作为终生事业，这该是多么酷的一件事！国际知名的演讲者迈克尔·科斯蒂根，就在完成这项有趣的工作。

13岁那年，他就开始了人生第一次创业，远远超出了同龄人的认知。由于当时年纪太小、经验不足，他无数次被拒绝，可喜的是

最后仍然有出众的表现，并取得了一些成绩。这种经历让迈克尔·科斯蒂根意识到，年轻人初出茅庐，如果想实现梦想是多么困难。

为何不帮助青少年解决成功路上遇到的那些问题呢？想到这里，迈克尔·科斯蒂根激动不已，他终于找到了自己努力的方向。因为理解年轻人的想法和心理，所以他能够与大家打成一片，提供及时、有效的帮助。就这样，迈克尔·科斯蒂根成了一名青年领导力专家。

事实证明，迈克尔·科斯蒂根的选择是正确的。年轻人在迈向社会的那一刻，是人生成长的关键期。内心充满了不安全感，渴望通过奋斗改变命运，需要有效应对成长中的各种问题……这些都是现实而残酷的，因此产生了强大的心理需求。

为此，迈克尔·科斯蒂根专门研究这些问题，并以职业演讲者的身份到处演讲，宣传自己的观点。他去过很多地方，在50～5000人不等的会场发表演说，帮助年轻人找到自己的梦想，发现自己的未来。

如何才能帮助更多的年轻人，一直萦绕在迈克尔·科斯蒂根的心头。后来，他开始为多家网站供稿，与家长、教育者、非营利组织合作，带动更多的人为青少年提供帮助。作为一个青年创业者，迈克尔·科斯蒂根虽然没有经营科技创业公司，没有网络零售店，但是他做的事情影响更深远，意义更重大。

当然，在为年轻人提供帮助的过程中，迈克尔·科斯蒂根也在加速成长。他开阔了视野，增长了见识，认识到了更深层的问题，并进行了更深入的思考。这又何尝不是一种成长呢？

无论从事什么工作，无论选择什么行业，都要静下心来做事，勇于承担责任，从优秀迈向卓越。今天，年轻人有更多发展机会，一旦认准奋斗方向，就需要付出更多努力，成就更好的自己。

任何时候，优秀的人才都会获得机会，既能实现人生理想，也能获得相应的财富回报。因此，学会经营自我，提升专业技能与工作能力，就成为一项持久的努力目标。下面一些建议，能够帮你有效创建个人品牌：

1. 选择一个你能够全身心投入的领域

人生最美好的岁月，就那么几年。在你开始行动之前，一定要选择一个可以全身心投入而无怨无悔的领域，这样才能充满激情地做事，避免因为后悔走弯路。认真想想，自己对什么最感兴趣，并且愿意成为这个领域内的佼佼者，承受多大的苦难都不会放弃。把这个问题解决了，才能采取后续行动。

2. 研究并科学判断你的专业领域，确保有市场前景

获取财富离不开市场的认可，如果你选择的行业缺乏市场前景，获取丰厚利润就会变得困难重重。认真研究你的专业领域，

从老师、朋友、父母、意见领袖那里得到中肯的意见，有利于做出正确的判断，并确保行动方向无误。此外，多参加一些专业人士举办的研讨会或沙龙，也能帮你做出科学的分析和判断。虽然真理往往掌握在少数人手中，但是大多数人都反对的行业应慎重选择，因为许多时候我们只是创业者中的普通一员。

3. 给自己找一个引路人，减少犯错的机会

迈向成功的道路上不能少了导师的身影。一个真正的导师应该比你早进入这个行业5～10年，在该领域内受人尊敬，并且能和圈子里的其他人有顺畅的沟通渠道。通常，这个人不仅年长，而且经验丰富，也许是你的同事或者客户。由于某种机缘，由他来协助你拿主意，向你传授做事的技巧和行动的策略。

显然，导师作为引路人，可以最大程度上帮你减少奋斗过程中的茫然和盲从，从一开始就走得更稳一些。而且，向导师学习专业技能和宝贵经验，能补上创业教育这一课，增加成功的概率。

4. 想取得成功，一定要努力，努力，再努力

没有人能随随便便成功，那些有所成就的人看起来表面光鲜，背后都有不为人知的艰辛与奋斗过程。赢得名声与财富，需要花费时间，需要付出汗水，没有捷径可走。努力去工作，才会小有成就。并且，当你取得阶段性成果的时候，也不要停下前进的脚步，因为这个世界上还有成就更大的人比你更努力。

第九章

时间复利：累积效应，工作前五年影响你一生的财富

人人都渴望一夜暴富的机会，但是这在大多时候是一种奢望。与任何成功一样，财富是一个逐步累积的过程。从开启财智、学会理财，到积累人脉、投资获利，无一不需要时间的打磨。对年轻人来说，提早研习财富之道，不浪费青春的芳华，才能提早实现财务自由，拥有财富人生。

点滴积累也能改变人生

毋庸置疑，每个人都渴望成功，渴望财富，而对成功、财富的渴望，也是人们坚持不懈地奋斗的有力动机。然而，实现自己的梦想，摘得胜利的果实，并没有那么容易，不是一朝一夕、随随便便就能够获得的。它需要你从小事做起，从点滴的积累开始，一步步地持续不断地朝着目标迈进。

如果没有做小事打下的坚实基础，任何事业都犹如空中楼阁，难以取得更高的成就。

万通房地产董事长冯仑曾说："我拿着一杯水，马上就喝掉了，这叫喝水；如果我举10个小时，叫行为艺术，性质就变了；如果有人举上100个小时，死在这儿，还保持着这个动作，实际上就可以做成一个雕塑；然而如果再放50年，拉根绳就可以卖票，就成文物了。"这句话说明了积累的重要性，不论多么小的一件事，只要你日积月累地坚持下去，就能拥有滴水成川的力量。

　　成就大事的人，毫无疑问都具备这一素质。他们对自己将要做的事，都有清晰的规划和目标，并且以一种精进无比的精神，从小事一步步地向上做起，明白做小事是成功的必经阶段。所以在这一职业规划上，这一类人往往走得异常坚定而不懈怠。这一品质值得很多创业者学习。

　　新东方创始人俞敏洪在一次演讲中，曾告诫大学生说："在大学里，不要攀比外表、家境，也不要攀比成绩，一定要勇于选择一条适合自己的路，选择了，就坚持不懈地走下去。"其实，这句话不仅对当代大学生有警示作用，对社会人也很适用。一个人不能总把眼光放在他人身上，处处跟他人比较，这不利于个人发展。只有心无旁骛地跟着自己的心，选择一条适合自己的路，动用自身的全部力量和生气去走向和实现它，才是可取之道。

　　俞敏洪作为新东方的创始人，他的创业故事早已广为传播，成为激励无数青年人的榜样。经过三次高考，俞敏洪考进了北京大学西语系，毕业后如愿留校任教。

　　当时，社会上兴起了一波留学潮，心气正旺的俞敏洪也想出国深造，但是随之到来的美国对中国紧缩留学政策，使得赴美留学的学生大为减少。成绩不算优秀的俞敏洪没有获得奖学金的资格，这一转变，促使他开始想要努力赚钱，实现自己的出国梦。

随后，俞敏洪便与几个同学一起在校外办托福班，赚取课时费。但是这一如意算盘很快也破碎了。北京大学以其打着学校的名义，在外私自办学，影响教学秩序的缘由给其处分。俞敏洪被迫从学校离开之后，经过了一段时间的摸索和思考，毅然开始了自己第二次的创业。

在一间只有10平方米的小平房里，俞敏洪凭借着自身的培训经验，创办了北京新东方学校。凭借持续不断的努力，新东方经过数十年的积累变化已然成为中国最大的私立教育服务机构，在全国拥有25所学校、111个学习中心，约有1700名教师分布在24个城市，约有300万名学生参与了新东方培训。这一成就，显然超过了俞敏洪最初挣10万块钱的想法。

由此看来，如果俞敏洪没有三次高考的坚持，那么他不可能获得今天的成就；如果俞敏洪没有积累自身的培训经验，那么新东方不可能成立；如果没有俞敏洪点滴成就的积累，那么新东方不可能跃居成为教育界的翘楚。所以俞敏洪的创业故事给了我们不少启迪。实现梦想的路上，即使不是一帆风顺，我们也能凭借着自身的努力和坚持赢得芬芳和果实。

而且，在精进地朝着目标前进的路上，对待每一件小事的态度、处理每一个问题的方式等，也会影响着事情的成败。如果你不认真对待面前的这一件件小事，那么你根本不可能有所收获。只有抱着诚恳的态度、带着爽朗的微笑，以踏实、认真的心去面对烦琐的过程，才能登上山顶，摘得财富的果实，看到更高、更广、更美的天空与世界。

"不积跬步，无以至千里；不积小流，无以成江海"，说的就是从小事做起，才能成就大业的道理。所以，在生活与工作中，以一种尽职尽责、善始善终的态度去做好每一件不容忽视的小事，尽自己所能将每一件事做到更好、更完善，那么早晚会铸造出自己的财富人生。

通往成功的路上，虽然步履缓慢，但是只要不断地进步，就能一点点拉近、缩小这一距离。坚持不懈地从小事做起，从点滴积累开始，就能拥有改变人生的力量。不要轻视积累，失败了也不要沮丧，每一次的跌倒都是一种学习和成长。点滴积累也能扭转逆境，改变人生。

好奇心开启商业探索之旅

在这个竞争力如此强盛的时代，创业常常处于如履薄冰、死里逃生的境地之中。但是即使前方危机四伏，还是有许多人投身于自主创业之中，原因可以归结为对未知的好奇。创业者往往都有一种不达目的决不罢休的坚韧毅力，他们切身体验到创业到底是一种怎样的经历，并在这个过程中，在好奇心的驱使下，逐步地向前探索、行进。

而且许多有探索意识的人通过创业，让自己的人生达到另外一种高度。只要坚持下去，对未知的探索就还在继续，就会逐层拨开迷雾，发现更多未知的美丽风景。

研究表明，中外无数科学家、企业家等各个领域的非凡人士，他们获得成功的动力之一就是好奇心的驱使。在好奇心的驱动下，他们进行各种各样的尝试和变革，不知疲倦地一遍遍重复、修正自己的策略，直至获得满意的结果。一个充满好奇心的人，对人生和未来必定充满好奇，而这是成功必备的特质之一。

　　米未传媒创始人马东谈及自己离职爱奇艺，选择创业的原因时回答得很简单，就是"好奇心驱使"。他说："人生际遇不由自己主导，都是被外界推着，天时地利人和凑到一起，应该去做了。创业就是脑子里有了想法，身边有了人，口袋里有了钱。"好奇催生出了绵延不绝的创造力，而创造力又是一系列商业产物的根本。

　　苹果公司联合创始人史蒂夫·乔布斯的创业经历，就是在好奇心的驱使下展开的商业探索之旅。生活在硅谷附近的乔布斯，在邻居硅谷元老们的影响下，从小就对电子学非常痴迷。他还参加了惠普公司的"发现者俱乐部"，这是专为年轻工程师举办的交流聚会。在一次聚会中，年幼的乔布斯第一次见到了计算机，并对其有了简单的认识和好奇。

　　随后在大学辍学阶段，乔布斯与同是电子迷的朋友沃兹一起，在兴趣的推动下，开始在乔布斯的车库里研究计算机。他们梦想着能拥有一台自己的计算机，当时市面上的计算机都是商用的，而且体积庞大、价格昂贵。这使他们更加坚定了自己的想法，一定要创造一台方便个人使用的电脑。

　　经过坚持不懈的努力，他们俩终于在旧金山的威斯康星计算

机产品展销会上买到了摩托罗拉公司出品的6502芯片，这是制造个人电脑必备的材料。两个人带着芯片，回到了车库，开始了伟大的创新。

经过几个星期的开发实践，世界上第一台个人电脑出现了。这一消息震惊了乔布斯的朋友圈。但是非常具有商业头脑的乔布斯预估到这一消息背后所隐藏的巨大市场价值，就开始四处筹集资金。他不仅卖掉了自己的大众牌小汽车，还劝说沃兹卖掉了他珍贵的惠普65型计算机，就这样筹得了1300美元，在自家车库成立了影响后世的苹果公司。

在好奇心的驱使下，乔布斯跟随自己的心，专心研究计算机。而不得不说的是，在此期间，他还痴迷于书法，去上书法课，学习怎么写出漂亮的字体。他认为："这种美感、历史感和微妙的艺术感在科学里并不具备，我觉得它很迷人。这些知识当时在生活中并无用处。"但是随后，当他创造出世界上第一台个人计算机时，想到了之前所痴迷的书法知识，并将其运用到计算机上，设计出第一台拥有漂亮字体的计算机。

从史蒂夫·乔布斯的经历中可以看出，假如没有最初对计算机的那份好奇，假如没有对书法字体的痴迷，假如没有将好奇心付诸实践，乔布斯就不可能赢得两个第一，不可能打造出商业帝国——苹果公司。

所以无论任何时候，都要保持心中那份对未知的好奇。爱因斯坦说过，自己没有什么特殊的才能，有的就是强烈的好奇心。

而且在商业领域中，好奇心不仅是创业者前进的动力和引导力，还是帮助其解决问题，完成工作的技能之一。

首先，好奇心可以帮你建立客户关系。人们往往会被那些对他们感兴趣的人吸引，而保持对他人的兴趣和好感，能够拉近彼此的距离，建立深层的交往关系。

其次，好奇心可以帮你创造伟大的商品。只有保持强烈的好奇心，才能创造出人们需要的、盈利的、可行的产品或服务。

再次，好奇心提升商业智慧。创业者对自己所处行业的好奇会推动其孜孜不倦地学习更多东西，随着好奇心不断被满足，自身的增值能力也会得到很大的提升。

最后，好奇心帮助解决问题。尽快找到问题的解决方案，这是当务之急。只有对问题的产生、发展拥有足够的好奇心和探索欲，才能找到问题的根源，从而创建有意义的解决措施。

作为一个信息时代的创业者，一定要学会花时间去观察、提出问题。不要局限于自己熟悉的领域，要扩展、丰富自己的视野和疆域。跟随内心对事物的好奇，并投入地去学习与研究，就能够充分控制和利用自身的好奇心去完成对未知的无尽探索。

频繁跳槽会让财富快速流失

一般来说，身处职场，跳槽是每个人都有的经历。主动为自己选择一个更合适的发展平台，不仅有助于提升自己的能力，还会带来更丰厚的薪资报酬。这本是件皆大欢喜的事，但是如果过于频繁地跳槽，往往会事与愿违，不仅达不到目的，反而会给自己的职业规划带来不容小觑的负面影响。

特别是一些刚毕业进入社会的大学生，在面临职场选择时，一定要慎重，学会理性分析，看待问题不能由着性子来，让自己陷入困境之中。

在工作中，人们选择跳槽的原因无外乎薪资不高、升职无望、事业发展遇到瓶颈、工作不开心等。面对这些问题，大多数人的第一想法就是"树挪死，人挪活"，转而就递交了辞呈，迅速跳槽。

荷兰一项心理研究表明：投身到岗位中去，对工作保持积极和认真的态度，不仅能提高效率，而且会让人越发有激情，整体幸福感也会提升。相反，不断更换岗位，会更容易对工作心生厌烦，极易产生职业倦怠。所以，要学会转换角度看待问题，要有一个清晰而长远的职业规划，不要盲目行走，竹篮打水一场空，因为未来终会为自己的经历埋单。

　　小王凭借着自身优异的学习能力和工作潜能，大学一毕业，就被学校直接推荐到当地政府机关从事行政工作。事实证明，小王的确是一个人才，办事几乎没有出过纰漏，很受领导赏识。但是政府机关的工作环境让小王觉得毫无挑战性，不久就跳槽到一家有名的外企公司。

　　这家公司可谓人才济济，在这里工作了半年左右的小王，认为自己在这家公司的前途太渺茫，于是，他果断跳槽到了一家民营企业。

　　在民营企业任职的小王，工作很努力，很快就得到了领导的重视，不到一年就晋升到中层副经理的职位。随后，在升迁的激励下，小王的各项工作都处理得非常出色，半年之后，如愿升职为中层经理。目标达成之后的小王本来应该趁势出击，一展宏图的。可是关键时刻，小王的心又不安定了。

　　随后，追求刺激和新鲜的小王又迅速跳槽到了一家大型国企做办公室秘书，但是工作流程熟悉之后的小王又不满足于现状，

工作了8个月左右辞职到了一家合资咨询公司。可是随后在这家公司待了半年不到的小王，再一次感到厌倦，辞职了。频繁转换工作的小王，不仅错失了很多良好的机遇，错过了职业发展的关键期，在金钱上也损失不少，多次变动，使他根本没有存款，几年下来，财富值几乎为零。

经历了五次跳槽之后的小王，依旧没有认识到自己的问题。在接下来的职业生涯中，还是不停地奔波于转换工作之中。他考虑过自己创业，但是根本没有创业的基础和资源。回顾过往，虽然前两次的跳槽给小王带来了一定的好处，但是过于频繁地跳槽，不免使他元气尽失，丧失了大好的职业前景。

从小王的职业生涯中可以看出他是一个对未来发展没有清晰规划的人，对自己既没有一个正确的认识，也不具备成大事者应有的耐力和智慧，所以他才会把一手好牌打成残局。

特别是对于一些想要在职场上大刀阔斧地开拓出一片新天地的新手，一定要总结经验，吸取教训。唯有如此才能实现自己的理想，成就财富人生。

第一，要有清晰的职业规划。在进入职场开始，就要对自己有一个比较全面和清晰的认识。根据自己的专业发展为自己制定一个清晰的职业规划，并在实际的工作中进行适当的调整。

第二，要保持职业发展的联系性，也就是说尽量避免多次跨行业或跨职位跳槽。要在进入职场开始就选定自己的发展方向，并力争做到这一行业或职位的佼佼者，让自己无可替代，成为该领域的专家。

第三，不要为了薪资而跳槽。身处职场，目光要长远一点，永远不要单纯地为了薪资而离开，更为重要的是个人发展前景和职业价值，不要为了眼前的一点小利而错失机会。

第四，不要频繁跳槽。企业对一个经常性跳槽的人可没有好感，因为频繁跳槽，说明你这个人缺乏严谨的规划，工作定力不够，稳定性较差，对企业缺乏基本的忠诚。

第五，适当把握跳槽时机。跳槽并不是一个贬义词，恰当时机的跳槽往往会给人带来机遇而不是毁灭。比如，有个千载难逢的机会摆在你的面前，你又迫切想要尝试，那么你当然可以投简历，选择跳槽，赢取更好的发展。

不得不说，跳槽也是一门学问。正确地跳槽可以给你的职业发展迅速带来转机，帮助你成就事业。错误地跳槽不仅会大量流失财富，对你的工作和生活都有着不容小觑的影响。所以，谨慎跳槽，才能多方积累人脉、资源、财富等，不断扩展自己的升值空间，才是智慧之道。

适合女性的几种创业选择

女性创业相较于男性来说比例一直都比较小。但是随着社会经济的快速发展，今天的创业大潮中有越来越多的女性开始步入大众视野，一改昔日传统形象，颇有巾帼不让须眉之态。

虽说女性创业者越来越多，但是投身于风险颇多的商界，有一些教训还是要多加吸取。女性选择创业时一定要审时度势，对当今市场有一个具体而细致的考察，根据自身的能力和兴趣等有一个相对明晰的规划后，再开始着手准备。

第一，要适当拓宽自己的视野。不要让自己的思维局限在某一点上，多和其他商界人士进行交流和学习，扩大自己的社交圈，丰富自己的资源。

第二，不要给自己设置障碍。创业要积极乐观，相信自己的能力，用自信、严谨的态度去面对和解决问题。

第三，在失败和错误中学习。学会从他人和自己的既往经历中吸取经验和教训，不被同一扇门撞倒。

第四，明白出路在哪里。对自己目前所从事的行业，要有足够清楚的认识，知道向前发展它的优势和不足在哪里，以及如何做才能让其有更好的发展。这都需要创业者去摸索和学习。

其实，女性在自主创业中也有一些先天的优势。比如在某些行业，女性做起来就非常得心应手。下面就为想要创业、积累财富的独立女性支支招，帮助大家选择适合的创业项目，并给予恰当的建议。

1. 开间修身养性的茶坊

快节奏、高压力的生活常常使人感到精疲力竭，对于放松、休闲、安静空间的享受已经成为当下人的迫切选择。在繁华的闹市或人群相对密集的街边，开一间独具特色的茶坊，面积不一定要大，但是装修风格一定要营造出闲适、宁馨的氛围，让人一走进这间茶室，就感到舒适和惬意，成为客人修身养性的忘忧所。一壶好茶、一本好书、一盘好棋，处处透露出高雅的娴静和审美，这样的处所非常适宜当下人的需要。

2. 开间个性满满的服装店

服装店是很多女性选择创业时的首要选择，因为人们对衣物的需要、对美的需要、对品质的需要永远都不会过时。但是，如何让你的服装店脱颖而出，这就需要花费一些功夫去钻研了。

首先，要对大众的审美有基本的了解，你所出售的服装，

既要有符合大众美感的，也要能满足一些小众顾客的需求。其次，多了解当下的流行趋势，不能总是跟着顾客跑，要让自己的审美带动顾客去欣赏最新潮的流行。最后，协调好淘宝等线上平台，可以在经营实体店的同时，在网上开一家淘宝店，扩展客户资源，积累财富。

3. 开间美好雅致的鲜花店

自古以来，就有将女人比作娇艳的花的赞美语。女人与花天生就有一种不言而喻的亲昵感。花不仅是美丽的代表，还被人们赋予了种种寓意：玫瑰象征着火热的爱，百合寓意着纯洁、高尚的品质，康乃馨寓意着神圣、伟大的爱等。无论何时，鲜花都是人们日常生活的需求之一，所以开一间香味扑鼻的鲜花店也是一个不错的选择。

首先，鲜花店的成本不是很高，一般三五万就可以运作起来，店面不需要很大，平均三十多平方米就够了，花的种类在大众需求的基础上稍高一点就足够了。其次，鲜花的消费人群比较广泛。比如说，日常装饰房间、去医院看望病人、送给亲朋好友、举办大型活动等都需要鲜花。最后，在着手开花店之前，应该专门去学习插花这门技术。不仅要了解如何包装、插花等技术，还要学习不同花的寓意，根据需要、场合的不同，为顾客选择合适的鲜花。这些都是帮助你挖掘潜在客户的技巧。

4. 开间气味香甜的蛋糕房

甜食的诱惑，一般人都很难抵挡得住。如果你是一个热爱甜食、热爱烹饪、热爱糕点的女人，那么开一间自己的蛋糕房，将食物的幸福感传递给需要的人，这绝对是一个不错的选择。首先，需要去专业学习各种糕点的制作方法，让自己成为一个优秀的蛋糕师。在会做的基础上添加自己的各种创意，让食物满足味蕾的同时还具有一定的美感。其次，店铺的面积不用很大，店内的装饰简约就好。最后，糕点的种类要丰富，满足各个年龄群的需要。

5. 开间高档的美容店

当今社会，美容早已不再是年轻女人的专属。男人、女人、各个年龄段的爱美人士都是美容业的主要消费人群。虽然人们对美容的需求逐渐增加，但是对美容行业的要求也水涨船高，无论是产品还是服务，都需要专业人士的选择和操作。所以，假若你是一个对美容行业非常了解和感兴趣的女人，那么开一家专业的美容店，不失为一个快速积累财富的方法。

坚持最初的梦想，伟大是"熬"出来的

步入信息时代，越来越多的年轻人选择创业来实现个人梦想。有些人经过漫长的努力才终于有所收获；有些人一开始兴致勃勃，随后日渐懈怠，偃旗息鼓。坚持使人取得成就，放弃令人无所作为。只要你有梦想，能坚持，就一定会守得云开见月明。

"伟大是熬出来的，'熬'就是看你能否坚持得住。不是指每一个细节都想到了，而是在特别痛苦的时候坚持住了，并把痛苦当营养来享受。"从痛苦中汲取养分，用坚持打败苦难，就"熬"出头了。阿里巴巴总裁马云也说过类似的话："今天的阿里、昨天的阿里、未来的阿里，我们都是要走这条路，每个人都必须这么辛苦，因为我们的未来是辛苦出来的。"

毋庸置疑，这是一条坚持之路，是无数个人拧成一股劲儿，坚持拼搏走出来的奋斗之路。从创业者走向成功者，懂得坚持的力量是必备素质之一。

今天，社会给予年轻人的机会非常多，就看个人能不能够抓得住。在创业的过程中，每个人都会遇到各种各样的数不清的麻烦和问题，不能遇见麻烦就胆怯地退缩或跑掉，要学会迎难而上，在问题中去思考、去改变，从而把握机会，掌控命运。

在创业的过程中，没有人是一帆风顺的。经常看到一些创业者逐渐地由信心满满到垂头丧气，甚而怨天尤人，从来没有在错误中反省自己并吸取教训，有的只是一味地抱怨和半途而废。这是为什么呢？综合来说原因无外乎两个。

第一，在最初选择创业时就没有具体的目标和正确的方向，没有找到自身感兴趣并愿意为之努力拼搏的项目。

第二，缺乏创业者最基本的素质——坚持。三天打鱼，两天晒网的做法是不可能将事情做好的。创业就是一连串问题的结合体，选择创业就不能怕麻烦，不能急功近利。一定要做好充足的准备，坚持不懈地打牢基础，才会柳暗花明又一村。

综上所述，创业一定要三思而后行，不要凭着感觉去行动。要做好实地考察，理性、严谨地选择适合个人的创业项目，而且也要考虑自己能否独立拿下这一项目。举例来说，如果你是一个漫画家，却想要开一家自己的书店，这中间会遇到很多你预想不到的困难，你是否能够适应并解决这些难题，自己都要有一个估量。

找好方向是第一步，规划制定之后就要坚持自己的创业初心，直到获得成功。在创业这条路上，坚持无疑是成功的敲门砖，是创业者不变的方向。"骐骥一跃，不能十步；驽马十驾，功在不舍"说的就是这个道理。

1987年，有一个14岁的小姑娘在湖南益阳的一个城镇卖茶，一毛钱一杯，因为她的茶杯比别人的大一号，所以来买她茶喝的人很多，每天她都辛苦忙碌着。

1990年，17岁的她将卖茶的地点搬到了益阳市，并且改卖当地的特色茶——擂茶。虽然擂茶的制作比较麻烦，但是她不怕辛苦，仍旧每天忙碌着。1993年，20岁的她依旧在卖茶，只是将卖茶的地点搬到了长沙，并租了一个店面。由于她的茶比别家的浓郁、有滋味，所以来喝茶的客人很多，喝完茶后顺便买点茶叶的人也不少。

1997年，24岁的她在茶叶堆里摸爬滚打了近十年。现在的她已经拥有了37家茶庄，遍布国内各地，茶商们谈及她，个个都心服口服地竖起大拇指。但是生意做到这个地步，她依旧没有满足。她的梦想是将自己的茶庄开到国外，让喝惯了咖啡、冷饮的外国人也能品尝到中国的茶香韵味。2003年，30岁的她终于实现了自己的梦想，将茶庄开到了新加坡等地。她的名字就叫孟乔波。

从这个故事中可以发现，成功从来没有所谓的捷径，如果有的话，那就是坚持。每一个伟大的事业，都是用坚持的脚步一步步走出来的。可以说，世间最容易的事就是坚持，最难的事也是坚持。因为只要愿意坚持，很多人都能够做到。但是难就难在，几十年如一日地坚持下来的人是少之又少。所以，选择创业的人很多，但成功者寥寥无几。

如果你的梦想是创业，那就去做吧。找好自己的方向和定位，投入自己的热情和努力，让梦想在奋斗的基础上开出娇艳的花。这是每个创业者都希望看到的。但是创业毕竟是一条艰苦的奋斗之路。可以说，它比选择就业要难得多了，不仅需要个人卓越的能力和才华，还需要具备一定强度的心理素质和不轻易言弃的执着精神。

坚持自己的梦想，脚踏实地去做事，跟着自己的目标，毫不松懈地走下去，往往就能取得成功。创业先有坚持的累积过程，才能收获财富和成功。

其实，对大多数的创业者来说，往往再多走一步，再坚持一段时间，事情就会出现转机。但是很多人，没有等到这一刻就过早地选择了放弃。马云曾说："什么是失败？放弃就是最大的失

败。有时候死扛下去总是会有机会的。"所以，遇到难题，要告诫自己：再多走一步，再坚持一下，机会就在前方。

坚持最初的梦想，伟大都是"熬"出来的，这句话看似简单，其实对创业者来说非常适用，具有一定的启迪意义。创业路上，坚持就是排除万难、战胜一切的法宝，坚持就是希望。

在人类历史上，从未有过一个时代像今天一样呈现出井喷式的财富浪潮。伴随着移动互联网、人工智能时代的到来，一切都变得不一样了。

当史蒂夫·乔布斯、拉里·佩奇、马克·扎克伯格、马云、雷军、马化腾等人创造时代奇迹与财富神话时，许多普通人也在通过奋斗让自己变得富有，在后者身上孕育着更多、更新的财富机会。

改革开放40年，中国已经成为世界版图中极具影响力的经济体，并凭借与日俱增的经济体量、创新能力受到世人尊重。在新时代创富群体中，伴随着互联网成长起来的"80后""90后"和"00后"无疑被寄予厚望。事实上，他们的确没有辜负这个时代。

经过科学家的点火、商人的推进，互联网终于来到普通人的面前，成为创富群体的有力助手。进入"互联网+"

时代，年轻人无疑成为创意经济的参与者和分享者。令人惊喜的是，他们不再满足于追随成功者的脚步，开始引领时代的主导权。

在这个财富井喷的时代，年轻人拥有最强大的力量，他们对互联网的发展推波助澜，赋予商业快乐的个性，最终攀上了财富的顶峰。互联网颠覆着整个商业世界，而年轻人就在这个被颠覆的世界中享受着时代赋予他们的财富机会。

年轻人用自己的梦想、激情、创造力改变着商业世界，这种改变带来了无数商机，并成就了一个个财富传奇。这种传奇的数量之多，以至于每个人的身边都能找到至少一个，由此可见新时代财富机会离我们之近。

对于"互联网+"时代的人来说，创造属于自己的未来才是最重要的。个人的成功来自对自我潜能的开发，对商业脉络的把握，也来自对互联网时代的顺应。通过本书，我们能够从年轻人身上清楚地看到这个时代的财富机会，并对当下以及未来的商业趋势形成精准的认知。